La prière
avec Marie

ALAIN BANDELIER

La prière
avec Marie

Salvator
103, rue Notre-Dame-des-Champs
F-75006 Paris

Maquette intérieure : Atlant'Communication
Couverture : Isabelle de Senilhes
© Illustration de couverture : *La Vierge du Signe*, Denise Ackermann

© **Éditions Salvator**, 2009
103, rue Notre-Dame-des-Champs F-75006 Paris
www.editions-salvator.com
contact@editions-salvator.com

1ʳᵉ édition sous le titre *Découvrir la prière avec Marie*,
Éditions Salvator, Paris, 2003

ISBN : 978-2-7067-0670-7
Dépôt légal : juillet 2009
Tous droits réservés pour tous pays

Sommaire

Marie
dans la prière chrétienne

À la source de la prière chrétienne, il y a l'Esprit Saint. Comme l'enseigne saint Paul, *l'Esprit vient au secours de notre faiblesse, car nous ne savons pas prier comme il faut.* C'est l'Esprit qui crie en nous *Abba, Père.* C'est lui aussi qui nous permet de dire *Jésus Seigneur* [1].

Au centre de la prière chrétienne, il y a Jésus Christ, *l'unique Médiateur entre Dieu et les hommes.* Par lui, avec lui, en lui s'est accomplie une fois pour toutes – et s'actualise sans cesse dans le temps et l'espace des hommes – l'Alliance nouvelle et éternelle. C'est lui *le Grand Prêtre qu'il nous fallait, toujours vivant pour intercéder en notre faveur* [2].

Au terme de la prière chrétienne, il y a le Père : *un seul Dieu et Père de tous, qui est au-dessus de tous, par*

---

1. *Lettre aux Romains 8,26 et 15 ; 1ère lettre aux Corinthiens 12,3.*
2. *1ère lettre à Timothée 2,5 ; lettre aux Hébreux 7,25-26.*

tous et en tous. En effet, *lorsque toutes choses lui auront été soumises, alors le Fils lui-même se soumettra à Celui qui lui a tout soumis, afin que Dieu soit tout en tous.* C'est le mouvement profond de la foi et donc de la prière : *Tout est à vous, mais vous êtes au Christ, et le Christ est à Dieu* [1].

Et Marie ? Il est hors de question de faire de l'humble jeune fille de Nazareth une quatrième référence possible de la prière chrétienne. Une personne humaine, fût-elle élevée au-dessus des anges et des archanges, ne peut être mise au niveau des Personnes divines. La créature la plus belle dans l'ordre de la création et la plus grande dans l'ordre de la grâce reste une créature, toute petite chose devant *Celui qui est.* Martin Luther, dans son commentaire du *Magnificat,* insiste sur ce point, en s'appuyant sur le témoignage même de la Vierge, qui avoue sa *bassesse.* Cet enseignement vaut d'ailleurs pour tous les disciples : *Quoi donc en effet te distingue ? Qu'as-tu que tu n'aies reçu ? Et si tu l'as reçu, pourquoi te glorifier comme si tu ne l'avais pas reçu* [2] *?*

De multiples façons, cependant, Marie est présente dans la prière chrétienne : dans la prière personnelle, dans la liturgie, dans la piété populaire.

---

1. *Lettre aux Éphésiens 4,6 ; 1ʳᵉ lettre aux Corinthiens 15,28 ; 3,22-23.*
2. *1ʳᵉ lettre aux Corinthiens 4,7.*

Parce qu'elle est proche du Christ comme personne, et parce qu'elle est proche de nous par une commune vocation de créature et de disciple, on peut dire que Marie est au cœur de la prière des chrétiens. Cet ouvrage, je l'espère, en rendra témoignage.

J'entends bien l'objection presque inévitable : « La prière des chrétiens ? Attention, les protestants ne prient pas la Vierge ! Dites plutôt la prière des catholiques. » Je maintiens néanmoins cet adjectif : la prière *chrétienne*. Nos frères protestants n'ont pas une doctrine ni une pratique unanimes sur ce point. Il est vrai que certains courants baptistes ou évangéliques ont une opposition ferme, pour ne pas dire féroce, à toute mention de Marie dans une assemblée de prière. Mais j'ai déjà prié le chapelet avec des luthériens ! En tout cas, il n'y a pas que les catholiques qui honorent Marie. Les anglicans célèbrent les fêtes liturgiques de la Vierge, et l'on sait que certains d'entre eux vont en pèlerinage à Lourdes. Quant aux orthodoxes, ils ne prient jamais sans faire mémoire de la très sainte Mère de Dieu. Sait-on qu'elle est plus souvent mentionnée dans la divine Liturgie orientale que dans le missel romain ?

Plus fondamentalement, nous devons prendre du recul par rapport aux divisions qui ont blessé l'unique Église du Christ au début et au milieu du deuxième millénaire. La majorité des prières et des priants que nous rencontrerons au fil de ces pages témoignent d'un patrimoine commun de l'Église indivise, antérieur aux séparations. Bien loin de nous renvoyer à nos limites confessionnelles, cet héritage nous appelle à une communion des cœurs dans la prière, comme au Cénacle, *avec quelques femmes, dont Marie, la mère de Jésus, et avec ses frères* [1]. Cet œcuménisme du cœur est peut-être le plus facile, le plus nécessaire et le plus fécond. Peut-on penser que la Mère du Christ est et sera toujours un obstacle sur le chemin de la pleine unité du Corps du Christ ? Ne faut-il pas espérer plutôt, avec le Pape Paul VI[2], *que la dévotion envers l'humble servante du Seigneur, en qui le Puissant a fait de grandes choses, deviendra, fût-ce lentement, non pas un obstacle mais un lien et un point de rencontre pour l'union de tous ceux qui croient au Christ ?*

---

1. *Actes des Apôtres 1,14.*
2. Exhortation *Marialis Cultus* du 2 février 1974, n° 33.

1. « *Je te salue, Comblée de grâce* »
Nous contemplons Marie,
toute aimée de Dieu

Pourquoi Marie ?

Pourquoi Marie ? Quelle drôle de question ! Est-il possible de faire mémoire de Jésus Christ et d'oublier sa mère ? Peut-on séparer *l'enfant et sa mère* – expression qui revient cinq fois de suite dans le récit de Noël selon saint Matthieu[1] ? D'ailleurs, chaque fois que l'on parle de Jésus de Nazareth, ne fait-on pas allusion à Marie ? On ne dit pas Jésus de Beth-léem. Pourtant Bethléem est son lieu de naissance, et c'est probablement la patrie de Joseph, son père aux yeux des hommes, donc la sienne aussi. Joseph, l'homme juste, a reçu mission de prendre Marie chez lui, c'est-à-dire d'en faire son épouse, et de donner son nom à l'enfant, c'est-à-dire d'en faire

---

1. *Matthieu 2,* versets *11,13,14,20,21.*

son fils[1]. Bref, Jésus de Nazareth, cela veut dire Jésus de Marie de Nazareth.

Saint Paul, qui parle une seule fois de Marie dans les treize lettres que nous avons gardées de lui, va droit à l'essentiel : Jésus *est né d'une femme*[2]. Il n'est pas tombé du Ciel, il n'est pas une espèce d'extra-terrestre. Il n'est pas non plus un rêve sorti de notre imagination ou une idée sortie de nos élucubrations. Il est né d'une femme ! *Humblement il est venu.* En son humanité, *en tout point semblable à ses frères, hormis le péché*[3], Jésus a connu les neuf mois de formation que connaissent (que devraient connaître) tous les petits d'homme, sous le cœur d'une mère, à l'ombre d'un père. Et la suite : les vingt ou trente ans nécessaires pour vraiment naître, c'est-à-dire prendre sa vraie dimension *en sagesse, en taille et en grâce*[4].

Saint Jean, dans sa première lettre, insiste. Il écrit à une période où la paix de l'Église est troublée par des doctrines douteuses qui s'éloignent de la foi apostolique. Des prophètes auto-proclamés diffusent leurs théories et des fidèles se laissent séduire

---

1. *Matthieu 1,19-21.*
2. *Lettre aux Galates 4,4.*
3. *Lettre aux Hébreux 2,17 et 4,15.*
4. *Luc 2,52.*

par ces spiritualités nouvelles. On sait par l'Apocalypse que les uns tombent dans un laxisme moral, les autres dans un ésotérisme pour initiés. Comment s'y retrouver ? Comment exercer un discernement des esprits ? L'apôtre donne une clé très simple : *À ceci reconnaissez l'esprit de Dieu : tout esprit qui confesse Jésus Christ venu dans la chair est de Dieu ; et tout esprit qui ne confesse pas Jésus n'est pas de Dieu ; c'est là l'esprit de l'Antichrist*[1]. Le Verbe s'est fait chair. En Marie. Enlevez Marie, l'Évangile n'a plus ni chair ni sang. Ce n'est plus une bonne nouvelle, ce n'est plus un événement ; c'est tout au plus une bonne idée.

Théotokos

Quand ils parlent de Marie, ou quand ils s'adressent à elle, les catholiques francophones disent volontiers *la Sainte Vierge*. En anglais, on dit plutôt *Our Lady (Notre Dame)*. Pourquoi pas ? C'est cependant révélateur de notre esprit occidental, et de notre regard trop peu contemplatif ; nous avons tendance à considérer Marie en elle-même, la Vierge, ou par rapport à nous, Notre Dame. Nos frères chrétiens d'Orient, eux, l'appellent la *Théotokos*. On traduit en général *Mère de Dieu*, mais c'est

---

1. *1ère lettre de Jean 4,2-3.*

une traduction qui n'a pas le poids de l'original. *Tokos* renvoie à la parturition : Marie est *celle qui met Dieu au monde.* L'équivalent latin est *Dei Genitrix,* vocable qui se rencontre dans des oraisons et des hymnes anciennes. L'Orient a raison. Son langage est celui de la foi et non pas d'abord de la piété. D'ailleurs la vraie piété doit se nourrir de la vraie foi.

La très sainte Mère de Dieu ! Peut-on prononcer ces mots et penser ces paroles sans que quelque chose tressaille au fond de nous ? Mais la force de l'habitude est telle qu'on les répète distraitement, sur un ton neutre. Alors qu'il faudrait se mordre les lèvres : ce n'est pas possible, je suis en train de dire une énormité, une folie ! Dieu n'a pas de mère ! Mais l'Ange répond, avant même qu'elle et nous ne posions la question : *Rien n'est impossible à Dieu* [1] *!* Vieux païens que nous sommes, si peu évangélisés, nous croyons que Dieu est quelque chose. « Je crois qu'il y a quelque chose au-dessus de nous » est la profession de foi la plus courante ; la plus décevante aussi : qu'est-ce que cela peut bien nous faire ? Sur des bases aussi insuffisantes, l'Incarnation est impensable et incompréhensible : une femme ne peut pas être enceinte de cette Chose divine !

---

1. *Luc 1,37.*

Mais depuis Abraham, nous savons (nous devrions savoir) que Dieu est Quelqu'un. Et depuis Jésus-Christ, Il s'est révélé comme trois fois Quelqu'un : Communion ineffable des Trois Personnes divines, absolument égales, car elles possèdent la même unique Plénitude, et absolument distinctes, car elles se donnent et se reçoivent mutuellement dans le mouvement immobile de l'éternel Amour. Voilà ce qui suscitait l'émerveillement des Pères : Un de la Trinité est devenu l'un de nous ! C'est le Concile d'Éphèse, en 431, qui a défini solennellement la maternité divine de Marie et confirmé son titre de *Théotokos*. On sait que les fidèles de la ville, enthousiastes, ont allumé des flambeaux et défilé toute la nuit en l'honneur de la Mère de Dieu. Cependant l'intention des Pères du Concile n'était pas d'abord de définir un point de la doctrine mariale, mais de prendre position dans un débat christologique. L'enjeu était d'affirmer la vraie foi chrétienne, contre les négations de Nestorius. Celui que la Vierge a mis au monde n'est pas un homme de plus, une personne humaine parmi des milliards, mais la Personne même du Verbe éternel, en qui sont unies pour toujours la nature humaine et la nature divine.

Il a fait pour moi des merveilles

Tel est donc le « miracle » de l'Incarnation. Miracle premier, et peut-être le seul miracle en vérité. Car tous les autres en découlent. Ou le préparent. Événement incommensurable, en même temps qu'imperceptible : une Personne divine commence d'exister humainement dans le ventre d'une femme ! *Le seul qui possède l'immortalité, qui habite une lumière inaccessible, que nul d'entre les hommes n'a vu ni ne peut voir*[1] prend visage ; en effet, dira Jésus, *qui me voit voit le Père*[2]. Un Amour éternel commence de battre dans un cœur d'homme.

Comment cela sera-t-il, avait demandé la toute jeune fille de Nazareth, *je ne connais pas d'homme ?* L'Ange avait répondu : *L'Esprit Saint surviendra sur toi, et la puissance du Très-Haut te prendra sous son ombre*[3]. Attention : il ne faut pas comprendre cela comme une mainmise de Dieu sur elle, une sorte d'aliénation. L'Esprit de Dieu ne saisit que ceux qui se laissent saisir. Elle ne sera pas prise de force. Rien ne se produira sans son consentement, ou plutôt sa donation : *Me voici, au service du Seigneur, que mon avenir soit selon ta parole. Alors l'Ange la quitta.* Il n'y

---

1. *1ère lettre à Timothée 6,16.*
2. *Jean 14,9.*
3. *Luc 1,35.*

avait plus que Dieu et elle. Dieu en elle. Un immense silence.

Ce silence sera rompu quelques jours plus tard par Élisabeth. En effet, Marie court vers les collines de Judée à la rencontre de sa vieille parente. *En hâte,* nous dit saint Luc. Cette histoire de la Visitation me fascine. Au lendemain de l'annonce prodigieuse, la Vierge aurait mille raisons de rester chez elle, et de s'occuper de ce trésor confié à sa tendresse, ce poids si léger en sa chair, et si lourd en son cœur. Mais non. Dans sa virginité d'âme, elle ignore le souci lancinant de soi-même. L'impureté, au fond, c'est le narcissisme. Marie est libre. Comme l'air. Comme le vent de l'Esprit, qui souffle où il veut.

Elle est sans calcul. C'est seulement quand Élisabeth la regarde, la salue, la bénit qu'elle semble tout à coup mesurer l'événement. Et c'est le *Magnificat.* Voilà encore quelque chose de frappant. Marie ne chante pas après l'Annonciation, mais après la Visitation[1]. Alors seulement elle ose se regarder. Ou plutôt elle lève les yeux vers Celui qui la regarde : *Il*

---

1. Cf. *Luc 1,46-55.* Des commentateurs trouvent que cela fait désordre et reconstruisent autrement le récit. Un autre suppose que c'est Élisabeth qui dit le *Magnificat.* Résistons à la tentation de tordre les textes selon nos pensées et plions plutôt notre pensée selon la Sagesse de Dieu. Cf. *Luc 1,46-55.*

a posé son regard sur la bassesse de sa servante. La toute-petite ne se magnifie pas, comme *ceux qui s'enorgueillissent selon la pensée de leur cœur :* elle magnifie Celui qui agit en elle. Elle ne se diminue pas non plus, car la fausse humilité est pire que l'orgueil, c'est un orgueil rentré, un amour-propre déçu, un dénigrement de soi et du don de Dieu en soi. Marie, elle, est émerveillée : *Le Puissant a fait pour moi de grandes choses.*

Comblée de grâce

Et Dieu vit que cela était bon... Dieu le premier est émerveillé. Le premier récit de la Création en témoigne. Quand l'homme et la femme paraissent, au sixième jour, *Dieu vit tout ce qu'il avait fait, et c'était très bon* [1]. Hélas, ce que l'Amour créateur fait, le péché le défait. Il est toujours merveilleux d'exister, car la grâce première demeure. Mais tout n'est pas merveilleux, ni en nous ni dans le monde. Une seule est pure grâce, grâce plénière : celle que nous appelons l'Immaculée. C'est ainsi qu'il faut comprendre l'étrange façon dont l'Ange Gabriel salue la jeune fille de Nazareth. Luc vient de nous dire qu'elle s'appelle Marie, et l'Ange lui dit : *Je te salue, Comblée-de-grâce.* C'est un nom nouveau. Un nom inattendu et impressionnant : *à cette parole, elle fut*

---

1. *Genèse 1,31.*

profondément bouleversée et elle se demandait ce que signifiait cette salutation.

On sait que, dans la Bible, Dieu aime changer le nom de ceux qu'il appelle. C'est le signe d'une élection et d'une vocation particulières. Ainsi Abram devient Abraham, Jacob devient Israël, Simon devient Pierre. Et Dieu appelle Marie κεχαριτω-μενη *(kekharitôménè)*. Certaines traductions atténuent, consciemment ou inconsciemment, la force et la nouveauté du mot grec. Ce n'est pas un adjectif, contrairement à ce que laisse entendre la traduction latine *(gratia plena)*. C'est une forme du verbe χαριτω (participe passif au parfait). Ce verbe dérive du mot χαρις *(kharis :* la grâce, l'amour gracieux). On pourrait transcrire littéralement *gracier* ou *gratifier,* à condition de le comprendre au sens fort de *donner grâce,* et non au sens juridique de *faire grâce.* Quant au passif, comme toujours ou presque, il renvoie à Celui dont on évite de prononcer le Nom. Il faut donc comprendre : *Bien-aimée de Dieu.* Au minimum, on doit traduire de la même manière les deux seuls passages du Nouveau Testament où ce verbe est employé : en dehors de l'Annonciation, il s'agit de la grande bénédiction de la Lettre aux Éphésiens[1], où Paul évoque la grâce

---

1. *Lettre aux Éphésiens 1,6.* La Bible Segond traduit ici *sa grâce qu'il nous a accordée,* alors qu'au récit de l'Annonciation on trouve *Toi à qui une grâce a été faite* (c'est moi qui souligne).

dont Dieu nous a *gratifiés* ou *comblés* dans son Fils Bien-Aimé. Il y a cependant une nuance importante. Quand il s'agit de nous, on emploie l'aoriste, qui est le temps de la narration, et qui inscrit les événements dans une histoire. Quand il s'agit de Marie, on emploie le parfait, qui suggère quelque chose de définitif. On a ici, en germe, la reconnaissance de la sainteté incomparable de la Mère de Dieu, que l'Orient appelle la *Panaghia* (la Toute Sainte) et l'Occident l'Immaculée, sanctifiée depuis toujours et pour toujours.

Ce privilège – si privilège il y a – n'est pas arbitraire. Il est ordonné au mystère central, qui est celui de la maternité divine. Marie est la Terre Sainte où le Verbe fait sa demeure, elle est la Porte Sainte par laquelle il entre dans l'histoire des hommes. Les litanies de la Vierge ont glané dans la Bible les images et les vocables qui pouvaient traduire poétiquement ce mystère : *tour d'ivoire, maison d'or, jardin clos, fontaine scellée…* L'oraison du 8 décembre, fête de l'Immaculée Conception, s'inscrit clairement dans cette perspective : *Seigneur, tu as préparé à ton Fils une demeure digne de lui par la conception immaculée de la Vierge.*

Ce regard posé sur Marie

La forme la plus traditionnelle et la plus indis-
cutable de la prière mariale sera donc de relire, de
redire, de revivre l'annonce faite à Marie, en
reprenant la salutation de l'ange et celle d'Élisabeth. *Ave Maria !* Ce faisant, il s'agit moins de
contempler Marie elle-même que de contempler
en Marie l'œuvre de Dieu. On ne cherche pas à
inventer des considérations savantes ou des for-
mulations brillantes. Humblement, on revient à la
Parole même de Dieu, en la murmurant avec les
lèvres et en la goûtant avec le cœur. Ainsi se sont
formées d'abord les premières antiennes mariales
(*antiphona,* c'est-à-dire répons ou refrain) puis la
prière de *l'Angelus,* et les couronnes du rosaire. En
Orient, cette forme de prière litanique a pris une
ampleur et une richesse extraordinaires, avec
l'Hymne acathiste ; c'est un poème alphabétique,
formé d'autant de grandes strophes que de lettres
de l'alphabet, méditant tour à tour les diverses
scènes des évangiles de l'enfance ; chaque ligne
commence par le joyeux *Khaïré* de la salutation de
l'Ange et dessine un trait du visage de la Vierge
(cf. page 105). Des commentaires jugent ce grand
poème trop lyrique, et son langage plus affectif
que théologique. Je suis au contraire émerveillé de
son vocabulaire biblique et de la puissante analogie de la foi qu'il met en œuvre. C'est un bel

exemple de *philocalie*[1] : la prière et la théologie peuvent être non seulement vraies mais belles ; cela ne gâte rien !

Dans tous les récits des apparitions de la Vierge (je parle des grandes apparitions reconnues par l'Église), il y a une constante. C'est l'émerveillement, le ravissement, la fascination pourrait-on dire, des voyants devant la beauté de Notre-Dame. *Qu'elle est belle !* Tous en donnent le témoignage. Quelle tristesse, quel arrachement, quel désir de la revoir, chaque fois que *cela* s'efface ! C'est d'ailleurs un critère d'authenticité : d'une part l'apparition dépasse en beauté tout ce que le voyant pouvait connaître ou même imaginer, d'autre part il ne peut ni la retenir ni la provoquer. Prier Marie, c'est toujours et d'abord, simplement, la regarder. Non pas chercher des « visions ». Mais accueillir et approfondir la vision très sûre qui nous est donnée dans la Révélation, vision que l'Église nous transmet fidèlement et que l'Esprit Saint nous enseigne intérieurement.

La contemplation chrétienne va plus loin encore. Un regard de foi n'est pas seulement un regard humain éclairé par l'Esprit Saint (*les yeux illuminés du*

---

1. Littéralement : être ami de la beauté. C'est le titre d'un ouvrage classique de la littérature monastique, invitant à la prière du cœur, composé de citations des Pères d'Orient.

cœur, comme disent les spirituels). C'est une communion au regard de Dieu lui-même, selon la
parole du psaume : *dans ta lumière nous voyons la
lumière.* Le regard de l'Ange, empreint d'un si profond respect, le regard d'Élisabeth, habité d'une
telle admiration, ne sont pas seulement le regard de
deux créatures, l'une du ciel et l'autre de la terre,
sur la plus belle de toutes les créatures. Leur regard
rend témoignage à un autre regard : le regard
même du Créateur, dont ils sont l'un le messager,
l'autre le prophète. C'est ce regard que l'Ange révèle
à Marie, quand elle se découvre *comblée de grâce,* et
qu'elle en est si profondément bouleversée. C'est
dans ce regard qu'elle-même se voit : *il a posé son
regard sur la bassesse de sa servante.* Quand l'Église
contemple Marie, elle entre à son tour dans ce
regard divin, vraiment théologal. Elle ne cède pas à
une curiosité périphérique ou à une distraction
plus ou moins coupable. Elle apprend à voir Marie
comme Dieu la voit, à aimer Marie comme Dieu
l'aime. *Marie, cause de notre joie !* disent les litanies de
la Vierge.

2. « *Bienheureuse, celle qui a cru* »
Nous contemplons Marie,
toute donnée à Dieu

La servante du Seigneur

Dans son ultime réponse au message de l'Ange, c'est-à-dire à l'appel de Dieu, Marie s'exprime avec force, en employant un vocabulaire qui nous fait presque peur. En général on n'ose pas traduire : *Me voici, esclave du Seigneur.* C'est pourtant cela qui correspond le mieux aux rapports sociaux de l'époque et du milieu, et surtout à la disponibilité totale et radicale que Luc veut nous faire pressentir. Nous parlerions sans doute aujourd'hui d'une consécration. Il ne s'agit pas d'une réduction en esclavage et d'une perte de liberté. Au contraire, il s'agit d'une dilatation du cœur aux mesures infinies et imprévisibles du vouloir divin. C'est l'acte le plus haut de la liberté, s'engageant consciemment et résolument devant Dieu dans une alliance irrévocable. *Servante du Seigneur.* C'est tout ce que Marie dit d'elle-même. Elle le dit même deux fois, avec une belle constance : une fois dans sa réponse à l'ange Gabriel, une autre fois dans le *Magnificat*. Petite chose de rien du tout, elle ne veut que servir le Seigneur ; le reste, c'est l'affaire de Dieu.

Heureusement, Élisabeth nous en dit davantage. Dans un élan prophétique, elle laisse parler en elle l'Esprit Saint : *Bénie es-tu parmi les femmes, et béni est le fruit de tes entrailles.* Elle découvre et proclame ce que nous savons déjà par le message de Gabriel : Marie a reçu une élection et une bénédiction absolument uniques, et elle porte l'Enfant qui est lui-même porteur de toutes les bénédictions. Élisabeth ajoute cependant quelque chose, une béatitude : *Heureuse celle qui a cru à l'accomplissement des paroles qui lui ont été dites de la part du Seigneur.* Les termes en lesquels Élisabeth exprime son admiration et sa louange lors de la Visitation sont rigoureusement parallèles à ceux du *fiat* de Marie lors de l'Annonciation *(que ta parole s'accomplisse en moi).* Cela attire notre attention sur la foi de Marie. Sa foi est beaucoup plus qu'une croyance, ou même qu'une adhésion. C'est une alliance qui engage toute l'existence et donne pleins pouvoirs à Dieu. C'est une obéissance pleine d'amour[1] qui permet que les promesses du Ciel

---

1. *L'obéissance de la foi,* dont parle saint Paul *(Lettre aux Romains 1,5 ; 16,25).*

trouvent leur accomplissement sur la terre, et que la Parole *s'incarne*.

Telles sont donc les deux faces inséparables de ce qu'on peut appeler la grâce de Marie. Nous contemplons en elle l'action de Dieu : *il a fait pour moi des merveilles*. Mais nous contemplons aussi la façon merveilleuse dont elle répond à la Parole et correspond à la grâce. Là est le secret de sa sainteté personnelle, incomparable. C'est là que la Mère des croyants de la nouvelle Alliance rejoint et dépasse le Père des croyants de la première Alliance. *Abraham crut, et cela lui fut compté comme justice*. Marie plus encore est *celle qui a cru*. Son ajustement à la Parole est sans défaillance. D'étape en étape, cela la conduira au sommet de l'acceptation et de l'oblation, au pied de la Croix.

Celle qui a cru

Sous prétexte qu'elle a reçu une grâce exceptionnelle et qu'elle est sans connivence avec le péché, certains imaginent que Marie vit dans une sorte d'évidence et de facilité perpétuelles ; pour elle, les questions à peine posées seraient déjà résolues, et les décisions à peine prises seraient déjà réalisées. D'autres, à l'inverse, dans le souci de la rapprocher de notre condition humaine, sont tentés de projeter sur elle les états d'âme des êtres blessés et pécheurs que nous sommes. D'un côté comme de l'autre, soit par excès soit par défaut, c'est la responsabilité de Marie dans les événements qui est mise en cause, c'est-à-dire sa capacité de répondre et de correspondre à la grâce. Devant l'évidence, le consentement est inutile. Dans l'ignorance, il est impossible. Entre les deux, c'est le clair-obscur de la foi, et l'espace non pas du doute[1] mais de l'interrogation. *Pourquoi ? Comment ?* Marie n'échappe pas à ce questionnement, passage obligé de la foi.

Dès le point de départ, dès que l'Ange entreprend de lui révéler ce à quoi elle est appelée, Marie exprime une interrogation : *Comment cela sera-t-il ?* Question cruciale, qui porte précisément sur l'articulation de la Parole de Dieu et de son existence de femme. Comment nouer ensemble cette maternité messianique annoncée et sa virginité déclarée ? *Je ne connais pas d'homme :* qu'on comprenne cette déclaration comme un état de fait (présent actuel) ou comme un choix de vie (présent définitif), on est devant quelque chose d'humainement impossible et de divinement nécessaire. Avant même que l'Ange

---

1. Le doute au sens strict, qui est la mise en doute subjective, est trop souvent confondu avec l'obscurité objective. Luc, dans le premier chapitre de son évangile, oppose non sans humour le doute de Zacharie (qui en perd la parole) et la foi de Marie. La question de l'un est fermée, la question de l'autre est ouverte.

affirme que *rien n'est impossible à Dieu,* la Vierge
accueille l'avenir, son avenir, impensable mais non
incroyable. Sa question sur le *comment* n'est pas l'expression d'une défiance, ou d'une résistance. Elle
ouvre au contraire les portes de la confiance : la vraie
confiance n'est pas faite de passivité ou d'attentisme,
elle est active et attentive ; c'est pourquoi elle ne veut
ni ne peut être aveugle. Le psalmiste le disait déjà :
Montre-moi tes chemins, Seigneur. La prière du Cardinal
Newman traduit bien cette disponibilité : *Conduis-moi,
douce lumière, conduis-moi, toi, toujours plus avant.*

L'itinéraire de la foi de Marie est jalonné non seulement de *comment* mais de *pourquoi.* On les devine
tout au long des évangiles de l'enfance : pourquoi le
recensement et le voyage à Bethléem, pourquoi la
mangeoire comme berceau, pourquoi Hérode, pourquoi l'exil ? Tout cela est comme le pressentiment de
l'ultime et insondable *pourquoi,* trente ans plus tard :
pourquoi la mort sur la Croix ? Dans le récit de saint
Luc, lors de la disparition de l'enfant au Temple et
de sa réapparition le troisième jour, l'interrogation
est explicite : *Enfant, pourquoi nous as-tu fait cela ? Vois,
ton père et moi, angoissés, nous étions à ta recherche*[1]. Pour
Marie comme pour tout croyant qui veut porter

---

1. *Luc 2,48.* La même angoisse est exprimée dans les *Actes des
Apôtres (20,38),* lors des adieux de Paul aux anciens, à Milet.
Le contexte, là aussi, est celui d'une disparition : *Vous ne verrez
plus mon visage.*

authentiquement le nom de *fidèle*, la foi n'est pas une position acquise et confortable. Sans doute peut-on donner sa foi pour de vrai, une fois pour toutes ; la grandeur de la vocation humaine tient à cette capacité de se donner sans retour ; ici la sagesse n'est pas dans la mesure ; ni croire ni aimer ne supportent la demi-mesure, qui conduirait à se prêter plutôt qu'à se donner. Cependant cela se vit dans la durée. Le chemin est long, ardu sans doute et même douloureux, qui va d'une plénitude voulue à une plénitude vécue. On avait le désir de se donner. L'heure vient où il faut donner son désir. Dépouillement et obscurcissement nécessaires, où l'âme *angoissée* ne cherche plus que Celui qui lui manque. Elle ne peut le posséder en vérité qu'en acceptant de le perdre, afin de le recevoir comme le Don inespéré. Quand l'aube pascale se lève du fond de *la Nuit obscure*.

Qui est ma mère, et qui sont mes frères ?

Les trois évangiles synoptiques (Matthieu, Marc et Luc) rapportent cet épisode : on annonce à Jésus que sa mère et ses frères cherchent à le voir. Dans sa réponse, il abolit la parenté charnelle, ou du moins il la relativise, et il affirme la parenté qui compte à ses yeux (et à son cœur), la parenté spirituelle. *Promenant son regard sur ceux qui étaient assis en rond autour de lui, il dit : « Voici ma mère et mes frères. Quiconque fait la volonté de Dieu, celui-là est pour moi un frère et une sœur et une mère* [1]. » Comment être *frère* de Jésus, en effet, sinon en étant comme lui *Fils ?* Selon le témoignage de la lettre aux Hébreux, en entrant dans le monde, il dit : *Voici, je viens, ô Dieu, pour faire ta volonté.* Au puits de Jacob, de même, il dit : *Ma nourriture, c'est de faire la volonté de mon Père* [2]. Allons jusqu'au bout de ce que le texte suggère : Marie elle-même ne peut être *Mère* que par son obéissance toute filiale au Père. Comment ne pas admirer, dans le mystère de l'Incarnation, la coïncidence parfaite entre le *Oui* éternel du Fils et le *Oui* historique de la Mère ?

Saint Luc rapporte ce même épisode avec un glissement de vocabulaire très intéressant. *Faire la volonté* est remplacé par *écouter et réaliser la Parole* [3]. Un peu plus loin il rapporte une scène qui lui est propre et qui est de la même veine. Une femme s'exclame dans la foule : *Heureux le ventre qui t'a porté et les seins que tu as tétés !* Jésus répond par une autre béatitude : *Heureux plutôt ceux qui écoutent la parole et l'observent* [4]. Si on les lit de façon superficielle, ces textes pourraient s'interpréter comme une mise à l'écart de Marie. Alors que c'est une mise en évidence de sa foi. On connaît la réflexion de saint Augustin :

1. *Marc 3,31-35.*
2. *Lettre aux Hébreux 10,5-10 ; Jean 4,34.*
3. *Luc 8,19-21.*
4. *Luc 11,27-28.*

Marie a conçu le Verbe dans sa foi avant de le concevoir dans son corps. Dans tous ces passages il y a une référence implicite à la Vierge de l'Annonciation, Notre-Dame du *Fiat*, et plus encore à la suite de l'évangile de l'enfance : Luc en effet, à deux reprises, souligne que *Marie gardait fidèlement toutes ces paroles, les méditant dans son cœur*[1]. Écouter la Parole, garder la Parole, c'est le trait distinctif du disciple, et Marie est la toute première des disciples.

Mon frère, ma sœur, ma mère : la grâce et la vocation de la Mère sont inséparables de la grâce et de la vocation des frères. Contempler la foi vive de Marie, c'est lire en transparence le mystère même de l'Église. Le Concile Vatican II cite à ce sujet l'enseignement de saint Ambroise : *la Mère de Dieu est le modèle de l'Église dans l'ordre de la foi, de la charité et de la parfaite union au Christ*[2]. On connaît la belle page de sainte Thérèse de Lisieux[3], reprochant

---

1. *Luc 2,19 et 52.*
2. *Lumen Gentium* n° 63.
3. Dans les *Derniers entretiens*. On trouve dans le *Journal* de Marthe Robin une réflexion semblable : *Cette absence d'extraordinaire dans la vie de la Reine du Ciel est la plus pure merveille. Dieu voulant nous donner la Sainte Vierge pour modèle, pour exemple, a voulu que sur la terre, sa vie fut plus imitable qu'admirable. Si dans la vie de la Sainte Vierge il n'était parlé que de faits éclatants et sublimes, d'actes merveilleux, combien peu d'âmes oseraient la prendre pour modèle. D'ailleurs, c'est sur sa vie intérieure toute faite de parfaite union à Dieu qu'il faut baser la nôtre.*

aux prédicateurs de trop insister sur les préroga-
tives de Marie et de ne pas la faire assez aimer : *On
montre la sainte Vierge inabordable, il faudrait la montrer
imitable, pratiquant les vertus cachées, dire qu'elle vivait de
foi, comme nous… On sait bien que la Sainte Vierge est la
Reine du ciel et de la terre, mais elle est plus mère que reine.*
Didier Decoin dit cela à sa manière – inimitable[1] :
*je raconte davantage une petite princesse bouleversante qu'une
grande reine somptueuse.* Certes, il y a en Marie
quelque chose d'absolument unique et de non imitable, c'est la mission qui lui est confiée et le don
qui lui est fait : sa maternité divine et virginale. En
revanche, la façon dont elle accueille ce don et vit
cette mission, aussi admirable qu'elle soit, est parfaitement imitable. L'admiration authentique
conduit d'ailleurs à l'imitation. C'est un des enjeux
de la prière mariale. Elle n'a pas pour but de
mettre Marie sur un piédestal, en l'éloignant du
commun des mortels. Elle a plutôt pour fruit de
nous élever, de nous entraîner avec elle sur *les voies
de la sainteté et de l'amour.*

---

1. Didier Decoin, *La Sainte Vierge a les yeux bleus* (Éditions du
Seuil), page 38.

Toutes les générations me diront bienheureuse

L'Église ne s'est pas trompée en accueillant Marie dans sa prière. Il s'agit moins, d'ailleurs, de lui faire une place que de reconnaître la place qui est la sienne : selon l'enseignement du Concile Vatican II, n'est-elle pas *celle qui occupe dans la Sainte Église la place la plus élevée au-dessous du Christ et nous est toute proche*[1] ? Au fil des siècles, cette présence de la Mère de Dieu s'est inscrite concrètement dans le temps et l'espace des hommes : ses fêtes rythment le calendrier et ses sanctuaires jalonnent les routes. L'iconographie en témoigne, à travers la représentation si fréquente de la *Théotokos* – représentation codifiée, du moins en Orient, car elle doit refléter moins l'imagination de l'artiste que les harmoniques du mystère ; les diverses figurations traditionnelles portent chacune un nom qui correspond à l'un des titres de la Vierge. Mais le témoignage le plus probant est celui du peuple chrétien ; des plus pauvres pécheurs aux plus grands saints, innombrables sont ceux qui ont « adopté » Marie ; ils pourraient dire, avec la ferveur de saint Louis-Marie Grignion de Montfort[2] : *Je la porte au milieu de moi, gravée avec des traits de gloire, quoique dans l'obscur de la foi.*

---

1. *Lumen Gentium* n° 54.
2. Cantique n° 61, *le dévot esclave de Jésus en Marie.*

Ainsi s'accomplit de génération en génération la prophétie du *Magnificat : Toutes les générations me diront bienheureuse.* Élisabeth, en proclamant bienheureuse celle qui a cru, a été la toute première de cette longue lignée. Depuis, le mystère de la Visitation se renouvelle[1]. L'amour miséricordieux du Seigneur *s'étend de génération en génération sur ceux qui le craignent.* Le Salut, autrement dit Jésus le Sauveur, ne cesse d'être donné au monde, et Marie ne cesse d'en être la rayonnante Théophore (qui porte Dieu) : *d'où me vient [cette grâce] que la Mère de mon Seigneur vienne jusqu'à moi ?* Il est juste que se renouvelle en retour notre exclamation joyeuse et admirative. Il appartient à chaque génération et donc à la nôtre, de proclamer Marie bienheureuse. Dire son bonheur, la *béatifier,* c'est dire à la fois le don qui lui est fait et le don qu'elle fait au Seigneur et au monde. Il faut l'avouer : une génération qui serait tentée de taire la grâce de Marie, ou pire encore de la nier, serait gravement infidèle à la Parole de Dieu et au mystère de la foi. Une Église qui, par impossible, serait oublieuse de la grâce de Marie, serait ignorante et comme absente de son propre mystère. Comme Marie, en effet, l'Église est porteuse d'une présence cachée ; comme elle, elle doit être rayonnante et

---

1. On peut remarquer que ce n'est pas un hasard si cette page d'évangile a été choisie pour la fête du 15 août : « Notre-Dame, toute proche dans le mystère de l'Assomption » (père Florin Callerand).

même transparente du mystère qui l'habite. *Mais ce trésor, nous le portons dans des vases d'argile* [1] ; c'est pourquoi la contemplation de la sainteté de la Mère de Dieu nous est si nécessaire.

La prière mariale nous empêche d'oublier le témoignage de la Vierge ; elle nous remet en mémoire sa foi lumineuse, son espérance invincible, sa charité attentive, et nous invite à lui ressembler. Nous admirons en Marie l'œuvre puissante de Dieu. Mais nous n'aurions rien à admirer si Marie n'avait pas consenti ni coopéré à cette œuvre. *Rien n'est impossible à Dieu.* Pourtant il s'interdit de briser une liberté qui lui résisterait. La preuve : la révolte de Satan et le péché de l'homme ne sont pas impossibles. À l'extrême opposé, Marie est toute obéissance, adhésion virginale, union nuptiale au vouloir divin. Non seulement intérieurement dans son cœur, mais extérieurement dans ses actes, elle est toute à Dieu seul. Elle mérite vraiment louange et bénédiction. La liturgie ne s'en prive pas, qui lui applique les bénédictions bibliques adressées à Judith [2]. Nous pouvons y joindre notre « compliment » : même ému et bredouillant, comme celui de l'enfant pour la fête des mères, il touchera son cœur et plus encore le cœur de Dieu – car tout ce qui est beau en elle le glorifie, puisqu'il en est et la source et le terme.

---

1. *2ᵉ lettre aux Corinthiens 4,7.*
2. *Judith 13,18 ; 14,7 ; 15,10.*

3. *« Magnifiez avec moi le Seigneur »* *(Ps 34,4)*
Nous prions avec Marie

Le Cénacle

Dans le mystère de l'Ascension, le Christ disparaît du champ de notre expérience. C'est l'envers de sa glorification et de son élévation auprès du Père : *Galiléens, pourquoi restez-vous ainsi à regarder le ciel ?* Cette disparition, qui n'est pas une absence, ouvre le temps de l'Église et de la mission. Désormais en effet, on ne pourra toucher la chair du Christ qu'à travers le Corps de son Église, on ne pourra entendre sa Parole que dans le témoignage de ses disciples. Dès l'origine, l'Église apparaît donc comme un mystère de communion, communion fraternelle des disciples, elle-même fruit de leur communion avec le Ressuscité. Selon le récit des Actes des Apôtres[1], *ils montèrent à la chambre haute, le*

---

1. *Actes des Apôtres 1, 13-14.*

*lieu où ils se tenaient : Pierre, Jean, Jacques, André, Phi-
lippe et Thomas, Barthélemy et Matthieu, Jacques fils
d'Alphée et Simon le Zélote, et Jude fils de Jacques. Tous,
d'un même cœur, étaient assidus à la prière avec quelques
femmes, dont Marie mère de Jésus, et avec ses frères.* Luc
redonne ici la liste des Apôtres ; ce n'est pas sans
raison ; c'est comme si l'évangile commençait de
nouveau. La mention de Marie n'est pas non plus
l'effet du hasard ; Luc souligne sa présence au
début du livre des Actes, comme il l'avait fait au
début de l'évangile, qu'il appelle *son premier livre*[1]. La
Mère est toujours là, au commencement.

Marie au Cénacle, au milieu de l'Église en
prière, dans l'attente de la Pentecôte, cette image
nous est familière. Elle a cependant quelque chose
d'étonnant. Humainement parlant, on pourrait
penser que la mission de Marie est terminée. L'important n'était-il pas que le sein d'une femme
donne vie humaine au Verbe de Dieu ? Pour certains, il faut en rester là. En réalité, on est bien
obligé d'aller plus loin : en lisant le quatrième évangile, on constate que Marie accompagne Jésus
jusqu'au Calvaire. Mais après ? Jésus lui-même l'a
dit[2] : *Tout est accompli* (on pourrait traduire littéralement *C'est fini).* Ne devrait-elle pas rentrer chez elle,

1. *Actes des Apôtres 1,1.*
2. *Jean 19,30.*

à Nazareth, et vieillir dans la paix, heureuse du devoir accompli, *méditant toutes ces choses dans son cœur ?* Mais non. Comme son fils mourant l'a souhaité, elle est devenue la mère du disciple bien-aimé. Elle n'a plus de chez elle : *à partir de cette Heure-là, le disciple l'a prise chez lui.* Sa demeure est avec les Apôtres. L'Église est sa famille.

Une vision plus mystique des choses aboutirait au même étonnement. Marie a communié si intimement aux souffrances de la Passion, elle a vécu si intensément la joie de la Résurrection qu'elle est plus que jamais inséparable de Jésus. Ne devrait-elle pas être tout de suite au Ciel avec son Fils ? Comment rester sur terre, quand elle a déjà le cœur là-bas avec Lui ? Quelle épreuve pour elle que cette attente ! Attente interminable, quelle qu'en soit la durée (que nous ignorons) ! Comme il faut une raison importante, pour que soit remis à plus tard l'ultime rendez-vous de la Mère et du Fils !

Marie *doit* être là, auprès de l'Église naissante, comme pour en guider maternellement les premiers pas. Certes, comme l'enseigne le Concile Vatican II, *cette maternité de Marie se continue sans interruption jusqu'à la consommation définitive de tous les élus. En effet, après son Assomption au ciel, son rôle dans le salut ne s'interrompt pas… Son amour maternel la rend attentive aux frères de son Fils dont le pèlerinage n'est pas achevé*[1]. Néanmoins, sa présence physique, ses paroles et ses silences, le rayonnement de son amour et de sa prière sont inscrits dans la mémoire originelle de l'Église et font partie de sa plus haute tradition. Le Cénacle, maison des Apôtres et des disciples, ainsi que la maison de Jean, devenue la maison de la Vierge, sont des lieux privilégiés pour découvrir la prière mariale comme prière *avec Marie*.

Un silence marial

Prier avec Marie, c'est prier comme Marie. Et c'est sans doute, avant tout, entrer dans le silence. Les évangiles témoignent davantage des silences de la Vierge que de ses paroles. Deux phrases à l'Annonciation, une autre au Temple, quand l'enfant a douze ans, encore deux phrases à Cana : comme elle est économe de paroles ! C'est qu'on ne peut pas faire deux choses à la fois. Marie n'est pas bavarde parce qu'elle est toute écoute. Qui d'entre nous entendra la voix de l'Ange ? Quelle pureté de silence, extérieur et intérieur, nous donnera de percevoir la musique du Ciel ? Après la tempête et le tremblement de terre, quand l'orage se calme et qu'une chape de silence recouvre enfin la montagne,

---

1. Constitution sur l'Église, *Lumen Gentium* n° 62.

un murmure de brise légère fait savoir au prophète
Élie que Dieu est là[1]. Pauvres de nous, assiégés de
toutes parts par les décibels ! Comment Dieu aurait-
il encore la parole dans ce flot ininterrompu de
messages de toute sorte ? Sans oublier que les messages les plus obsédants sont ceux qui montent de
notre cœur inquiet et du trop-plein de notre
mémoire. Sans recueillement, la vie n'est que sable
qui file entre les doigts. L'anti-culture régnante ne
fait que cultiver des sensations pour ramasser de
l'argent. Elle passe son temps à voler et violer notre
silence. « Je m'éclate » dit l'adulte puéril, sautant
d'un pied sur l'autre dans la boue, dans la morne
plaine d'une *rave-party*. Le silence est la virginité de
l'âme.

On a peur du silence parce qu'on a peur du vide.
Quel est donc ce vide qui fait peur, sinon le vide
intérieur ? Saint Benoît s'était retiré dans un ermi-
tage à Subiaco et là, nous dit son biographe, *il habi-
tait avec lui-même*. Heureux homme, qui résiste à la
tentation si fréquente et si forte de se fuir ! Dans
cette fuite éperdue *au-dehors*, comme en témoigne
saint Augustin dans ses *Confessions*, l'homme
s'éloigne non seulement de lui-même mais de Dieu.
Dieu n'est pas ailleurs ! C'est ce que dit à sa manière
la prière pleine d'humour d'un vieux sage : *Mon*

---

1. *1ᵉʳ livre des Rois 19,12.*

Dieu, vous qui êtes partout, comment se fait-il que je ne vous trouve nulle part ?

La tradition ancienne et très belle, quoique apocryphe, de la Présentation de Marie au Temple (fêtée le 21 novembre) n'a probablement pas beaucoup de valeur historique. Pourtant elle traduit une vérité spirituelle indéniable. Elle suggère que le choix de Dieu n'est pas improvisé, et que le *fiat* de Marie a une préhistoire. Pourquoi elle, *entre toutes les femmes ?* Sans nier ce que la visite de l'Ange peut avoir d'inouï et de bouleversant – *à cette parole elle fut toute bouleversée* – on est bien obligé de penser que la jeune fille de Nazareth n'a pas attendu ce jour pour vivre dans la présence de Dieu, *à l'ombre du Puissant,* comme dit le psaume[1]. Le Temple véritable est le Temple intérieur, celui de l'adoration silencieuse. Prier n'est pas passer d'une activité à une autre activité, d'un discours à un autre discours ; ce n'est pas changer de disque. C'est enlever ses sandales, comme Moïse devant le Buisson ardent, se voiler le visage dans son manteau, comme Élie à l'Horeb, demeurer comme en suspens, la main sur le cœur, le regard posé au-delà des apparences, comme la Vierge dans les annonciations de Fra Angelico. Marie nous apprend la prière essentielle, la prière en deçà et au-delà des mots. Regardez autour de vous, peut-être même au-dedans de vous, au moins certains jours : les âmes mariales habitent un

---

1. *Psaume 91,1.*

silence transparent. À leur passage se lève la brise rafraîchissante de la Présence.

Magnificat !

J'ai dit que les évangiles ont gardé peu de paroles de Marie. Il y a cependant une exception : ce sont les onze versets[1] du *Magnificat*. Certes, nul ne prétend que ces versets de saint Luc seraient la transcription littérale de la prière de la Vierge. En revanche, il ne faut pas craindre d'affirmer, avec le Concile Vatican II[2], que *les auteurs sacrés composèrent les quatre Évangiles de manière à nous livrer toujours sur Jésus des choses vraies et sincères, que ce soit à partir de leur propre mémoire et de leurs souvenirs, ou à partir du témoignage de ceux qui « furent dès le début témoins oculaires et serviteurs de la Parole ».* Autrement dit les mots sincères de Luc nous transmettent quelque chose de vrai sur la prière de Marie. On pourrait aller plus loin. Compte tenu de l'importance de la tradition orale dans le milieu juif du premier siècle, et de la présence dans le troisième évangile de traditions mariales qui lui sont propres, on peut penser que la trame et le vocabulaire du *Magnificat* ne sont pas

1. *Luc 1,46-56.*
2. Constitution sur la Révélation, *Dei Verbum* n° 19.

une création de l'évangéliste[1]. Au début des *Actes*, la mention des frères du Seigneur, présents à Jérusalem avec les Apôtres et la Mère de Jésus, suggère même la source à laquelle Luc a eu accès. Quoi qu'il en soit, de façon directe ou indirecte, nous avons ici un écho authentique du chant de Marie.

En chantant le *Magnificat*, Marie s'inscrit dans la grande tradition biblique des psaumes, et elle se laisse porter par la liturgie de son peuple : liturgie solennelle du Temple, liturgie du sabbat à la synagogue, liturgie familiale des bénédictions quotidiennes. Le texte de cette louange mariale est donc rempli de réminiscences scripturaires, en particulier, comme beaucoup de commentaires le soulignent, du cantique d'Anne, la mère du prophète Samuel[2]. En revanche, on souligne moins souvent l'originalité du *Magnificat*. D'une part il a un accent très personnel : *mon âme, mon esprit, il a posé son regard sur moi, il a fait pour moi des merveilles, ils me diront bienheureuse.* D'autre part il a un horizon universel, par le jeu des oppositions *(l'humble servante et les orgueilleux, les puissants et les humbles, les affamés et les riches)* et par

---

1. On a montré comment les cantiques des récits de l'enfance sont construits sur les racines hébraïques des noms des protagonistes – à commencer par *exulte mon esprit en Dieu mon Sauveur*, qui fait directement écho au nom de Jésus. C'est un procédé typique de mémorisation orale.
2. *1ᵉʳ livre de Samuel 1,1-10.*

la mention à deux reprises de toutes les générations. Ajoutons encore que dans le cantique de Marie on ne trouve aucune trace de la violence du cantique d'Anne, qui ricane contre ses ennemis, et dont le Dieu fait mourir et vivre. Le Dieu que chante Marie est certes *le Puissant,* qui renverse le cours de l'histoire et bouleverse les rapports humains ; mais il n'est pas le Dieu des revanches, il est le Dieu des délivrances, *Dieu mon Sauveur,* en un mot (en hébreu) *Yeshouah :* Jésus.

Je dis que Marie chante. En hébreu, les psaumes *(tehillim)* désignent des prières de louange, proclamées à haute voix : *chantez, jouez, criez de joie, proclamez,* ces impératifs reviennent sans cesse dans le psautier. En grec, la version les Septante (texte établi à Alexandrie au IIe siècle avant J.-C. pour les juifs de la diapora) utilise le mot *psalmos* qui désigne une prière chantée, accompagnée de musique (en particulier par une petite harpe qu'on appelle le *psalterion*). Notre culture occidentale est devenue très livresque et cérébrale, et notre prière s'en ressent. Nous prions « dans notre tête » ou à la rigueur nous murmurons tout bas. Heureusement, le chant liturgique, la polyphonie sacrée et les cantiques populaires ont maintenu une expression vocale et musicale de la prière, au moins dans la prière communautaire. Mais il faut avouer que c'est seulement avec le renouveau charismatique

que les communautés chrétiennes se sont réappro-
prié une prière pleine de liberté et de joie, unissant
*des psaumes, des hymnes et des cantiques inspirés par
l'Esprit,* comme saint Paul le suggère[1].

Ainsi, à l'école de Marie, nous apprenons à unir
ce que nous aurions tendance à séparer ou à opposer. Je note avec intérêt qu'elle nous entraîne à la
fois sur les chemins de l'intériorité, dans une prière
profonde, silencieuse, j'ai envie de dire immobile,
et sur les chemins d'une extériorité pleine d'exulta-
tion, d'une prière chantante et même dansante.
Quand nous prions, nous avons trop souvent un
sentiment de vide ; serait-ce le signe et la rançon de
cette séparation ? Notre prière intérieure n'est
peut-être pas assez musicale, émerveillée, portée
par un élan du cœur et presque du corps. Inversement, nos prières liturgiques et nos prières vocales
ne sont peut-être pas assez vécues de l'intérieur,
irriguées secrètement aux sources du silence.

L'Église a adopté le *Magnificat* et en a fait sa
prière quotidienne, à l'office liturgique des Vêpres.
Ainsi, chaque soir, au fil des jours qui passent, nous
sommes invités à partager l'émerveillement de
Notre-Dame, et à contempler avec elle les *grandes
choses* que Dieu accomplit, pour nous comme pour

---

1. *Lettre aux Éphésiens 5,16 ; Lettre aux Colossiens 3,19.*

elle, aujourd'hui comme hier. Connaissant mieux que personne cet Amour miséricordieux qui s'étend d'âge en âge, elle peut mieux que personne louer le Seigneur, et nous apprendre à louer le Seigneur. Celle qui est comblée de grâce est aussi celle dont le cœur déborde d'action de grâce. *En toutes choses rendez grâce à Dieu,* disait l'Apôtre[1], c'est-à-dire *faites eucharistie.* L'âme de Marie est foncièrement eucharistique. Elle accueille sans réserve le don de Dieu ; sans réserve elle se livre en retour. Connaissant la mesure de la grâce qui dépasse toute mesure, elle nous invite à comprendre avec elle et *avec tous les saints la largeur, la longueur, la hauteur, la profondeur, et à connaître l'amour du Christ, qui dépasse tout ce qu'on peut connaître*[2]. Saint Louis-Marie Grignion de Montfort, s'inspirant d'un commentaire du *Magnificat* par saint Ambroise, en tire cette belle conclusion[3] : *Que le cœur Saint et Immaculé de Marie soit en moi pour aimer le Seigneur ! Que l'âme de Marie soit en moi pour glorifier le Seigneur ! Que l'esprit de Marie soit en moi pour s'y réjouir en Dieu !*

---

1. *Lettre aux Éphésiens* 5,20 ; *Lettre aux Colossiens* 3,17.
2. *Lettre aux Éphésiens* 3,18-19.
3. *Traité de la vraie dévotion,* n° 217.

Le Rosaire

Prier avec Marie, ce n'est pas seulement entrer
dans son silence et dans sa prière. C'est partager
peu à peu sa contemplation du Christ et sa communion avec le Christ. Les évangiles attirent notre
attention sur des temps forts de la vie du Seigneur
et de sa Mère. Mais il y a tout le reste : la vie ordinaire, pourrait-on dire, si elle n'était en même
temps une vie extraordinaire. Nous pressentons le
climat si simple, banal même, de la maison de
Nazareth et de l'atelier du charpentier, mais aussi
le caractère si exceptionnel de la sainte Famille, qui
unit *l'homme juste*[1], la femme immaculée et l'enfant-
Dieu. Après la disparition probable de Joseph, et à
partir de ce que nous appelons la vie publique, le
dialogue de la mère et de l'enfant ne se distend pas,
bien au contraire. Il se noue d'une façon nouvelle
et très profonde lors des noces de Cana, dans la
perspective de l'Heure *qui n'est pas encore venue*, mais
qui vient : rendez-vous crucial avec la volonté du
Père et le salut du monde. Cette Heure est inséparablement celle du Fils, les noces de l'Agneau, et
celle de la Femme, douloureux enfantement de
l'Homme nouveau[2]. Elle est la réponse la plus

---

1. *Matthieu 1,19.*
2. *Jean 16,21.* Ce rapprochement éclairant a été suggéré par
le père Feuillet, *Jésus et sa Mère* (Gabalda), pages 134 et sui-
vantes.

profonde à la question que Jésus pose à sa mère, et que l'on comprend tellement de travers en général : *Femme, qu'y a-t-il [de commun] à toi et à moi ?* Le dernier mot de ce dialogue sera celui de la Croix : *Femme, voici ton fils.* Au-delà, il n'y a plus que le silence ; le dialogue en effet suppose encore une alternance de paroles ; il s'accomplit au-delà des mots, dans une parole intérieure commune. Lourd silence du sépulcre et de l'attente obscure, silence cristallin de l'aube pascale et de la présence impalpable, silence radieux de l'évidence dans la gloire de l'Assomption.

À partir de dévotions populaires, comme la méditation des joies de Marie ou celle des sept douleurs de la Vierge, le cycle des mystères du Rosaire s'est peu à peu constitué. Je n'en ferai ici ni l'historique ni le commentaire détaillé[1]. En revanche je dois montrer pourquoi il a pris une place si grande – parfois même trop grande, c'est-à-dire exclusive – dans la prière mariale. On l'a souvent dit, c'est le psautier du pauvre ; il y avait 150 *Ave* comme il y a 150 psaumes. Mais ce serait une erreur d'en rester à cet aspect quantitatif. L'important, tous les promoteurs et commentateurs de cette dévotion insistent sur ce point, ce sont les mystères : chaque mystère, de l'Annonciation au Couronnement de

---

1. Voir : *Découvrir le Rosaire*, M. Wackenheim, Salvator, 2003.

Marie au Ciel, est une étape de l'histoire du Salut. Chaque fois, la prière du chapelet nous fait relire une page du Nouveau Testament, des évangiles à l'Apocalypse en passant par les Actes des Apôtres (Ascension et Pentecôte). Prier le chapelet, c'est donc revenir à la Parole de Dieu et aux sources du Salut, avec Marie. C'est une forme particulièrement simple, authentique, pédagogique de la prière mariale. Ajoutons que c'est une forme longue, ce qui ne gâte rien, quand on sait que la majorité des fidèles se contentent d'une « petite prière » pas toujours quotidienne, et n'offrent au bon Dieu que les miettes de leurs agendas surchargés : on ne peut pas dire un chapelet en trois minutes !

Contrairement à ce qu'on pourrait penser, le Rosaire n'est pas centré sur Marie, mais bien plutôt sur le Christ. Dans sa *Lettre sur le Rosaire*[1], Jean-Paul II le rappelle à juste titre, avec une conviction contagieuse : cette prière est christologique. Dire son chapelet, c'est contempler le Christ avec les yeux et avec le cœur de Marie. Pour le souligner davantage, Jean-Paul II a fait une petite révolution, en proposant d'ajouter cinq mystères lumineux, pris précisément dans les récits évangéliques de la vie publique du Seigneur. C'est aussi une réponse à l'étonnement qu'on peut avoir en constatant que

---

1. Jean-Paul II, *Le Rosaire de la Vierge Marie*, Salvator, 2002.

dans sa forme traditionnelle le Rosaire faisait passer directement de Nazareth (après le recouvrement de l'enfant au Temple) à la Passion (les mystères douloureux).

Avec ou sans chapelet, prier avec Marie, c'est écouter, regarder, suivre Jésus, se mettre à l'école de l'évangile. C'est découvrir la contemplation chrétienne : il ne s'agit pas de s'évader dans des sphères célestes ou des états de conscience étranges ; il ne s'agit pas non plus de s'enfoncer dans l'introspection et dans les méandres du moi ; il s'agit de rencontrer un Visage, de se laisser regarder, et de voir toute chose dans la lumière et la tendresse de ce regard qui devient peu à peu le nôtre. *Contempler, c'est devenir,* disait la grande Thérèse.

4. « *Priez pour nous, sainte Mère de Dieu* »

Nous prions Marie
de prier pour nous

Prier Marie ?

Avant d'aller plus loin, acceptons de mettre un point d'interrogation au verbe prier, quand il est associé à Marie. En effet, nous ne pouvons pas ignorer les réticences et les objections souvent exprimées dans le protestantisme : prier Marie serait une forme d'idolâtrie, c'est-à-dire d'adoration de la créature à la place du Créateur. Il est clair que si des formules ou des attitudes de la dévotion mariale allaient dans ce sens, il faudrait les rejeter avec horreur. De telles déviations ont-elles existé historiquement ? Sont-elles au contraire imaginaires et caricaturales ? De toute façon elles ne pourraient être que le fait de personnes ou de groupes particuliers, mal éclairés. On ne les rencontre en effet ni dans l'enseignement autorisé ni dans la liturgie officielle de l'Église catholique.

Cela dit, ce point d'interrogation s'impose néanmoins, parce qu'il faut s'entendre sur le sens que l'on donne au verbe prier. Entre la formule de politesse, le banal *Je vous en prie*, que l'on dit sans y penser, et l'acte d'adoration d'un homme qui se prosterne devant l'Éternel, il y a un écart considérable ! Pourtant, selon le principe de l'analogie, si l'on emploie le même mot, c'est qu'il y a bien quelque chose de commun : prier est toujours l'expression d'une référence et d'une déférence envers quelqu'un. L'expérience religieuse de la prière ajoute à cela un recueillement, une présence, une communion dans l'invisible. Et aussi, le plus souvent, une attente, une demande tacite ou explicite[1].

En ce sens, la prière peut s'adresser non seulement à Dieu, mais à tous les serviteurs de Dieu, et tout spécialement à la servante du Seigneur. C'est une conséquence directe de la communion des saints, que nous affirmons dans le Symbole des Apôtres, *Credo* commun à tous les chrétiens. Nous avons tous quelque chose à donner et quelque chose à recevoir les uns des autres. C'est le mystère même

---

1. Des langues comme le français, pour qui prier et demander sont presque synonymes, risquent d'accentuer ce côté intentionnel, pour ne pas dire utilitaire, de la prière, au risque de la dénaturer ; il n'en va pas de même en grec ou en latin.

de l'Église. Elle est inséparablement *en quelque sorte le sacrement, c'est-à-dire à la fois le signe et le moyen de l'union intime avec Dieu et de l'unité de tout le genre humain*[1]. Au moment même où le croyant s'enfonce dans le silence et le secret de l'intimité divine, il est porté par une foule invisible, et il devient lui-même, sans toujours le savoir, porteur de ses frères. La solitude de la prière n'est pas une séparation mais une plus profonde communion.

Tout don excellent, toute donation parfaite vient d'en haut et descend du Père des lumières[1]. Inversement, toute vraie prière doit remonter finalement à Dieu seul. On pourrait dire que la prière adressée à la Vierge et aux saints est une prière relative, qui passe par eux, mais qui va au-delà d'eux. La réponse du peuple quand on chante ou récite les litanies des saints en porte témoignage : *Orate pro nobis !* On ne dit pas *nous vous prions,* on dit *priez pour nous.* Dieu seul est prié en un sens absolu. Mais on ne glorifie pas Dieu en faisant le vide autour de lui, bien au contraire. La vision de la Jérusalem céleste, dans l'Apocalypse ou dans la lettre aux Hébreux[3], nous invite à nous approcher *de myriades d'anges, réunion de fête, et de l'assemblée des premiers-nés qui sont inscrits dans les cieux, d'un Dieu Juge universel, et des esprits des justes qui ont*

---

1. Concile Vatican II, *Lumen Gentium* n° 1.
2. *Lettre de Jacques 1,17.*
3. *Lettre aux Hébreux 12,22-24.*

été rendus parfaits, de Jésus médiateur d'une alliance nouvelle.
Dieu aime associer ses créatures les plus saintes à son
œuvre de salut, et confier les dons de sa grâce aux
intendants des mystères de Dieu [1]. Inversement, nous
aimons associer les anges et les saints à notre prière,
comme nous y invite chacune des préfaces de la liturgie eucharistique, *una voce dicentes :* disant d'une même
voix avec eux la Gloire de Dieu.

Pour éviter toute ambiguïté, dans la doctrine
comme dans la prière, la théologie classique a mis
au point un vocabulaire précis, à partir du grec.
On distingue le culte de latrie (ou adoration)
réservé à Dieu seul, et le culte de dulie (nous
dirions vénération, mais littéralement cela signifie
plutôt le service et l'humilité) réservé aux saints. La
Très-Sainte mérite, elle, un culte d'hyperdulie.
J'insiste, une fois encore : la confiance et l'honneur
que l'on peut donner à la Vierge et aux saints ne fait
pas d'ombre à la Gloire de Dieu, elle célèbre au
contraire *l'extraordinaire richesse de la grâce* de Dieu,
comme *l'insondable richesse de la grâce du Christ* [2]. La
préface pour les fêtes des saints ne dit pas autre
chose : *quand tu couronnes leurs mérites, tu couronnes tes
propres dons.*

---

1. *1ère lettre aux Corinthiens 4,1.*
2. *Lettre aux Éphésiens 2,7 ; 3,8.*

Il y a des raccourcis qui rallongent

La discussion n'est pas close pour autant. La prière mariale, y compris sous la forme d'une prière adressée à Marie, serait donc légitime. Serait-elle pour autant obligatoire, serait-elle même opportune ? Certains en doutent. Obligatoire ? Bien sûr que non. Personne ne songe à transformer en obligation juridique ou en impératif pastoral quelque chose qui est d'abord de l'ordre de la découverte et du désir, source d'un élan d'admiration, de confiance et d'amour. En revanche, c'est un fait indéniable, les exhortations du Magistère, les conseils des maîtres spirituels, le témoignage de nombreux saints, l'attachement du peuple de Dieu aux dévotions et aux pèlerinages, tout cela va dans le même sens : prier Marie n'est pas strictement obligatoire, mais ce n'est pas non plus strictement facultatif, comme quelque chose qui serait à prendre ou à laisser. L'ouverture du cœur à Marie, dans la prière chrétienne, n'est pas seulement une chose possible, c'est une chose souhaitable.

Il y a pourtant une objection classique : pourquoi passer par Marie ? Ne vaut-il pas mieux s'adresser au Christ directement ? Cette façon de poser la question est révélatrice d'une pensée dialectique, qui fonctionne par opposition et non pas

intégration. Il va sans dire qu'une dévotion mariale
fervente et authentique ne dispense personne de
s'adresser au Christ lui-même, de nouer et d'approfondir une relation personnelle et directe avec lui.
Bien au contraire, cette dévotion nous y portera.
Marie elle-même nous conduit à Jésus, comme le
suggère l'épisode des noces de Cana : *Tout ce qu'il
vous dira, faites-le* – consigne étonnamment parallèle
à celle du Père lors de la Transfiguration : *Celui-ci
est mon Fils bien-aimé, écoutez-le !* Cela dit, l'idée d'une
rivalité possible entre la Mère et le Fils, la pensée
que ce qui serait donné à l'un serait soustrait à
l'autre, finalement la répartition des chrétiens en
deux groupes, les uns disciples du Christ, les autres
fidèles de Marie, tout cela montre à l'évidence qu'il
y a une erreur de perspective au départ, pour
aboutir à de telles impasses.

*Au commencement était le Verbe… et le Verbe s'est fait
chair.* À la base de toute christologie, à plus forte
raison de toute mariologie[1], il y a une double affirmation. D'une part la transcendance du Christ, *né
du Père avant tous les siècles, lumière née de la lumière, vrai
Dieu né du vrai Dieu.* D'autre part son engagement
sans retour dans la condition humaine : né d'une

---

1. On appelle ainsi la partie de la théologie qui traite du mystère de Marie, comme la christologie porte sur le mystère du
Christ.

femme, *le Fils de Dieu s'est uni en quelque sorte à tout homme,* dit le Concile Vatican II[1]. Il s'est uni tout particulièrement, par un lien unique, profond, définitif à cette femme qui est sa mère. C'est un fait incontournable et indépassable. Sinon on tombe très vite dans un christianisme désincarné, et finalement déchristianisé. Cela peut prendre une forme idéologique, quand on réduit l'Évangile à un système de pensée et à un programme d'action. Cela peut prendre une forme ésotérique, quand on est invité à vénérer un Christ cosmique et à cultiver des énergies christiques. Un Jésus purement mental n'a évidemment pas besoin d'une mère.

Celui qui se tourne vers Marie ne s'éloigne pas de Jésus, bien au contraire. N'est-elle pas elle-même, et plus que nous, tournée vers Jésus ? S'attacher à elle, c'est se rattacher avec elle, sûrement, fidèlement, intimement à l'unique Seigneur. On peut se souvenir ici du sermon de saint Bernard de Clairvaux commentant le nom de Marie, *Étoile de la mer : En la suivant, tu es sûr de ne pas dévier ; en la priant, de ne pas désespérer ; en la consultant, de ne pas te tromper.* Les randonneurs savent par expérience qu'il faut se méfier des chemins directs. Il y a des raccourcis qui rallongent ! On leur a dit « coupez tout droit » et ils se

---

1. *L'Église dans le monde de ce temps, Gaudium et Spes,* n° 22. C'est une phrase que Jean-Paul II citait souvent.

sont embarqués dans un itinéraire plein d'obstacles, épuisant et dangereux. La sagesse eût été de suivre humblement le chemin balisé, qui paraît à première vue plus long, mais qui en réalité fait gagner du temps. S'il y a des raccourcis qui rallongent, il y a aussi des détours qui rapprochent. Ainsi Marie, sur le chemin de la foi.

« Ils n'ont pas de vin »

Luc souligne la présence de Marie au début des Actes des Apôtres, Jean souligne sa présence au début de la vie publique du Seigneur, aux noces de Cana. À la fin du récit, il note avec une certaine solennité que le changement de l'eau en vin fut *le premier des signes de Jésus : il l'accomplit à Cana de Galilée, il manifesta sa gloire et ses disciples crurent en lui* [1]. Cette scène est première non seulement au sens chronologique, mais aussi au sens théologique ; c'est une scène inaugurale, qui annonce dès le départ les couleurs de l'Évangile : un changement, une nouveauté, une joie enivrante, une alliance nuptiale, le Christ au centre de tout cela, l'Église-Épouse s'unissant à lui par la foi. On est d'autant plus étonné de constater qu'au début du récit, c'est Marie qui est citée en tête, et non pas Jésus : *la mère*

---

1. *Jean 2,11.*

de Jésus était là ; Jésus aussi fut invité à la noce, avec ses disciples[1]. Avouez que ce « Jésus aussi » est inattendu. C'est comme s'il était encore dans l'ombre de Marie, comme s'il n'avait pas quitté la vie cachée de Nazareth. Et c'est vrai, puisque c'est seulement maintenant que commence sa manifestation.

Marie est là, au commencement. Celle qui a mis Jésus au monde dans la nuit de Bethléem est aussi celle qui coopère à sa naissance dans le cœur des croyants. Elle le révèle ; on pourrait dire qu'elle lui donne le jour, selon la belle expression française pour dire la maternité. Cela s'accomplit à travers une double parole, témoignant d'un double ministère. Elle dit d'abord : *ils n'ont pas de vin.* Sans commentaire, sans insistance, sans l'ombre d'une pression ou d'une séduction pour faire passer le message ou obtenir un résultat. À la grâce de Dieu ! Ce n'est pas non plus une information : Jésus le sait déjà, ou il finira bien par le savoir. Le mot important, c'est *eux.* Marie parle pour ces gens, pour ce moment de leur vie qu'elle prend à cœur. Elle est là, devant lui, toute vide comme les jarres. Elle parle pour eux. En leur nom, elle invite Jésus à entrer dans leur vie, à verser à flot un vin nouveau dans leur manque.

---

1. *Jean 2,1-2.*

L'autre parole s'adresse aux servants (et non aux serviteurs ; en grec, on a ici le vocabulaire de la diaconie ou du ministère). Cette fois il y a un impératif : *Faites-le !* Marie parle avec autorité. Faites quoi ? On traduit habituellement *Tout ce qu'il vous dira.* Cela laisse entendre qu'il y a tout un scénario écrit d'avance, avec le risque de prendre les gens pour de simples figurants. Le texte dit seulement : *Au cas où il vous dirait quelque chose…* L'optatif grec laisse entendre quelque chose d'assez imprévisible, laissant une grande liberté à l'Esprit, et aussi une grande responsabilité à celui qui doit agir. En revanche, la consigne est d'être attentif, à l'écoute de la Parole. C'est évidemment la grâce mariale par excellence. Là encore, le décentrement de Marie est frappant. Elle se tourne vers les serviteurs pour qu'ils se tournent non pas vers elle, mais vers le Maître unique. En son nom, elle appelle les hommes à oser croire et à oser vivre selon la Parole qu'elle est la première à écouter et à accomplir : la Parole qui fait des miracles, car *rien n'est impossible à Dieu.*

Comment dire en un mot ce double ministère de Marie, qui intercède pour nous auprès du Christ, et qui témoigne pour le Christ auprès de nous ? Y a-t-il un mot plus juste que le mot médiation ? On peut dire, on doit dire que Marie est Médiatrice. Contrairement à ce qu'on a pu écrire ici ou là, le Concile Vatican II n'a pas censuré cette notion.

L'amour maternel de Marie, dit-il, *la rend attentive aux frères de son Fils. C'est pourquoi la bienheureuse Vierge est invoquée dans l'Église sous les titres d'avocate, d'auxiliatrice, de secourable, de médiatrice, tout cela cependant entendu de telle sorte que nulle dérogation, nulle addition n'en résulte quant à la dignité et à l'efficacité de l'unique Médiateur, le Christ*[1]. C'est bien pour cette raison que nous prions Marie. D'une part nous pouvons lui confier toutes nos intentions, tous nos manques, les attentes les plus courantes de nos frères, les besoins les plus profonds du monde. Celle que Jean-Paul II a saluée comme la *Toute-Puissance suppliante* saura les traduire à son Fils avec plus de vérité et d'intensité. D'autre part nous lui demandons de prier pour nous : qu'elle fasse de nous des bons serviteurs et de vrais disciples, à l'image des premiers qu'elle a formés, à Cana de Galilée.

Priez pour nous, sainte Mère de Dieu

Priez pour nous, sainte Mère de Dieu, afin que nous soyons rendus dignes des promesses du Christ. Cette invocation

---

1. *Lumen Gentium* n° 62. Le malentendu trop fréquent vient d'une citation tronquée de saint Paul (comme dans le passage cité du Concile). Il faut préciser avec l'Apôtre : unique est le Médiateur *entre Dieu et les hommes.* De nombreuses médiations créées nous mettent en contact avec l'unique Médiateur, par exemple la Bible, et d'abord l'Église. Marie est la médiation la plus transparente.

qui conclut la prière de l'*Angelus* reprend presque mot pour mot la deuxième partie de l'*Ave Maria* : *sainte Marie, Mère de Dieu, priez pour nous, pauvres pécheurs.* Instinctivement, le peuple chrétien fait appel à Marie, pour deux raisons complémentaires, me semble-t-il. D'un côté elle est toute proche et accessible pour les pauvres gens que nous sommes, puisqu'elle est une humble créature comme n'importe quel autre fidèle du Christ. D'un autre côté, elle est la créature la plus proche du Mystère même de Dieu, en raison de sa maternité divine, de la grâce initiale qu'elle suppose (l'Immaculée Conception), de la grâce finale qu'elle entraîne (l'Assomption). C'est pourquoi la prière mariale peut mêler sans complexe la plus grande familiarité et le plus profond respect, comme on peut le constater tout au long de l'histoire de l'Église. François Villon la salue comme *Dame du ciel, régente terrienne, digne princesse* [1]. Marthe Robin, dans son Journal, l'appelle parfois *Maman chérie.* Ce sont des accents différents, mais c'est bien la même foi, le même élan, la même confiance.

Tout est dans la confiance : elle est si proche de nous et si proche du Seigneur. Saint Théodore Studite, aux environs de l'an 800, exprime cela de façon convaincante. *Maintenant, en possession de l'immortalité bienheureuse, elle lève vers Dieu, pour le salut*

_____

1. Dans sa *Ballade pour prier Notre-Dame*, écrite pour sa mère.

du monde, ces mains qui ont porté Dieu… Blanche et pure colombe, élevée dans son vol jusqu'aux hauteurs du ciel, elle ne cesse pas de protéger notre basse région. Elle nous a quittés de corps, mais par l'esprit elle est avec nous. Saint Anselme a cette formule évocatrice : *Ô vous, tendrement puissante, puissamment tendre.*

Saint François de Sales osera faire une sorte de chantage, plein d'humour et d'amour, auquel Marie doit difficilement résister : *Je vous supplie, très douce Mère, que vous me gouverniez dans toutes mes voies et actions. Ne dites pas, gracieuse Vierge, que vous ne pouvez ! Car votre bien-aimé Fils vous a donné tout pouvoir, tant au ciel comme en terre. Ne dites pas que vous ne devez, car vous êtes la commune Mère de tous les pauvres humains et particulièrement la mienne. Si vous ne pouviez, je vous excuserais, disant : il est vrai qu'elle est ma Mère et qu'elle me chérit comme son fils, mais la pauvrette manque d'avoir et de pouvoir. Si vous n'étiez ma Mère, avec raison je patienterais, disant : elle est bien assez riche pour m'assister ; mais, hélas ! n'étant pas ma Mère, elle ne m'aime pas…. Vous voyez, ma Mère, que vous êtes contrainte d'acquiescer à toutes mes demandes.* Qu'on se rassure : le saint ne va pas demander n'importe quoi, mais *pour l'honneur et la gloire de votre Fils, acceptez-moi comme votre enfant, sans avoir égard à mes misères et à mes péchés. Délivrez mon âme et mon corps de tout mal et me donnez toutes vos vertus, surtout l'humilité.*

Prier tout simplement

Prier Marie, c'est tout simplement parler avec
elle. Les prières récitées – récitées trop souvent,
hélas, de façon mécanique – ont fait beaucoup de
tort à la prière mariale. Dans ma première paroisse,
des vieilles dames se retrouvaient un après-midi par
semaine pour dire le chapelet. C'était une bonne
idée. Je suis allé prier avec elles. Au bout de trois *Je
vous salue Marie*, je me suis enfui. C'était dit si vite et
en tel désordre qu'on n'y comprenait rien. La
réponse de l'assemblée commençait avant que la
voix soliste ait terminé sa phrase, on avait l'impression d'un pensum à accomplir et dont il fallait se
débarrasser au plus tôt. Heureusement, les Foyers
de Charité et d'autres communautés m'ont récon-
cilié avec cette prière ; là, le rosaire n'était pas récité,
il était prié, sur le ton de la conversation, dans un
rythme paisible. C'est une règle qui vaut pour toute
prière vocale. Il ne s'agit pas de faire des records de
quantité, mais des progrès de qualité[1].

---

1. J'avoue que je suis sceptique devant des consignes qui vien-
draient d'apparitions ou de messages célestes, et qui encou-
rageraient à dire le Rosaire entier chaque jour (le Rosaire
revu par Jean-Paul II est fait de 200 *Je vous salue)*. On peut évidemment l'expédier en trois quarts d'heure. Je conseillerais
plutôt aux fidèles qui sont dans la vie active d'en prier seulement une partie, et de garder dans leur journée une demi-
heure d'oraison.

Nous nous adressons à Marie comme à une Reine, certes, mais d'abord comme à une Mère. *Elle est plus mère que reine,* disait Marthe Robin à la suite de Thérèse de Lisieux. J'oserais ajouter qu'elle est même, et d'abord, notre sœur. Notre sœur dans l'ordre de la Création, même si elle en est le chef-d'œuvre. Notre sœur dans l'ordre de la Rédemption, même si elle est l'Immaculée, sauvée d'avance, et non pas comme nous après l'expérience amère de l'infidélité – *plus jeune que le péché,* selon la formule magnifique du curé de Torcy[1]. Notre sœur dans le mystère de l'Église, même si elle en est la pierre la plus précieuse. Notre sœur dans la Gloire, même si son pèlerinage est achevé et que le nôtre dure encore : sur la terre des hommes, *en attendant la venue du Jour du Seigneur, elle brille prophétiquement comme un signe d'espérance assurée et de consolation pour le Peuple de Dieu en marche*[2].

Il serait bien difficile de faire l'inventaire des prières à Notre-Dame que l'Esprit Saint a suscitées dans le cœur des croyants. Naïves ou savantes, ignorées ou célèbres, anciennes ou contemporaines, elles sont innombrables. Dans leur diversité, elles font

---

1. Dans *Le Journal d'un curé de campagne* de Bernanos.
2. Concile Vatican II, Constitution sur l'Église *Lumen Gentium* n° 68.

écho aux épreuves, aux détresses, aux espoirs, aux questions des gens, et témoignent de l'histoire des personnes, des communautés, des peuples. Les titres de la Vierge, que l'on peut glaner au hasard des sanctuaires et des traditions locales, en sont un miroir évocateur : *Notre-Dame du Bon Conseil, Notre-Dame de Bonne Garde, Notre-Dame de Bon Secours, Notre-Dame de Toute-Aide, Notre-Dame de Liesse, Notre-Dame de Lumière, Notre-Dame de Bonne Encontre…* Ils dessinent, pour nous qui ne l'avons pas vu, le visage de ce *quelque chose* (*Aquero,* en patois de Bigorre) qui était apparu à sainte Bernadette, et qu'elle identifiait comme une « belle dame » et en même temps une jeune fille « pas plus grande que moi » : si belle et si proche. Marthe Robin ne pouvait s'empêcher de s'écrier : *Oh ! que je l'aime !*

Maintenant et à l'heure de notre mort

Prier Marie nous rend peu à peu attentifs à sa présence familière, à la fois fraternelle et maternelle. Présence aimante, bienveillante, vigilante, encourageante, exigeante. Prier, au fond, est-ce autre chose qu'être présent ? Beaucoup imaginent au contraire que c'est partir ailleurs, avoir des sensations étranges, décoller de ces choses « bassement matérielles » – expression courante dans les milieux chrétiens, révélatrice d'un certain mépris et d'une méprise certaine : cette matière que Dieu a créée, que le Verbe a assumée dans son Incarnation, qui est consacrée dans les sacrements et qui sera trans-figurée dans la Gloire, est-elle si basse ? Marie de Nazareth, c'est Marie de tous les jours, Notre-Dame de chez nous : l'eau de la fontaine, les les-sives et les vaisselles, le bois pour le feu et la cuisine, l'enfant qui joue, la voisine malade, l'argent qu'il faut gagner (demander à Joseph où il en est de son travail), le sabbat ce soir (ne pas oublier d'allumer les lampes), les Romains qui ont nommé un gou-verneur en Judée, la taxe de deux drachmes pour la construction du Temple…

Avec Marie, on est sans cesse ramené au réel, c'est-à-dire au présent. L'instant présent est le seul point de l'histoire que j'habite, c'est là que je vis. Le passé par définition n'existe plus ; il n'a de consis-tance qu'à travers ses conséquences présentes. L'avenir n'existe pas encore ; il n'a de réalité que dans les germes présents des développements futurs. C'est également dans le présent, et nulle part ailleurs, que je peux rencontrer les autres et que je peux rencontrer Dieu. *Hic et nunc :* ici et maintenant, selon la formule de saint Ignace de Loyola. La visitation de l'Ange à Marie, la visita-tion de Marie à Élisabeth, sa visitation à Cana et toutes les autres se jouent au présent. Le présent est la condition de la présence. Nous admirons en

Marie cette grâce de la pure présence, de l'existence virginale ; elle est patente dans les récits de l'Évangile ; elle n'est pas moindre aujourd'hui dans nos vies. C'est pourquoi nous lui demandons de prier pour nous *maintenant*. Nous avons tant d'absences ! Avec une douce autorité, instant après instant, elle nous apprend à vraiment vivre : vivre notre vie comme un don à accueillir, toujours nouveau, et comme un don à offrir, de nouveau.

Aujourd'hui est le temps du salut. On retrouvera ce thème classique chez Saint Augustin et d'autres. Il est inscrit déjà dans le Nouveau Testament[1]. La Lettre aux Hébreux commente dans cet esprit l'exhortation du psaume 94 : *aujourd'hui, ne fermez pas votre cœur, mais écoutez la voix du Seigneur.* Saint Paul interprète dans la même ligne le verset d'Isaïe : *au moment favorable je t'ai exaucé, au jour du salut je t'ai secouru.* Le moment favorable, c'est *maintenant :* ce point où se rencontrent et s'épousent l'aujourd'hui ponctuel de l'existence humaine et l'Aujourd'hui éternel de la présence divine. Cet art de vivre, de tisser ensemble les choses qui passent et la Parole qui ne passe pas est par excellence la grâce de Marie, et cette grâce devient la nôtre. Mystérieuse, presque miraculeuse rencontre du temps et de

---

1. *Lettre aux Hébreux 3,7-14 ; 2e lettre aux Corinthiens 6,2* (à partir d'*Isaïe 49,2*).

l'éternité, qui sauve nos vies de l'insignifiance et du néant !

Jean Guitton a montré la sagesse profonde de la dernière phrase du *Je vous salue Marie*. Nous confions à sa prière les deux seuls moments importants de nos vies : l'instant présent et le dernier instant, l'ultime « maintenant » qui est *l'heure de notre mort*. Que Marie soit particulièrement présente à notre dernière heure, c'est une conviction qui a plusieurs points d'appui. Des traditions relativement tardives mais plausibles la voient assister Joseph, son époux virginal, au dernier moment de sa vie terrestre[1] ; là se trouve l'origine des méditations classiques autour de « la bonne mort ». L'évangile selon saint Jean contemple Marie debout près de la Croix au moment de la mort de Jésus ; la transposition de cette proximité pour la mort des frères de Jésus va de soi. La doctrine de la Dormition et celle de l'Assomption en témoignent : Marie a connu elle aussi cette expérience du passage. Son expérience ressemble à la nôtre et en même temps en diffère, dans la mesure où son départ n'implique aucun « enterrement » ; il n'est

---

1. On peut penser que Joseph est mort avant que Jésus inaugure sa vie publique, car on ne parle plus de lui après l'épisode du Temple où l'enfant est retrouvé le troisième jour (Luc 2).

qu'un « encièlement ». Pour toutes ces raisons,
Marie peut rejoindre ici-bas ceux qui affrontent ce
mystère, et les aider à le vivre dans une paix et une
lumière venues de l'au-delà.

5. « *Fils, voici ta Mère* »
De la prière mariale
à la vie mariale

La Mère

Selon l'enseignement du *Catéchisme de l'Église catholique,* prière et vie chrétiennes sont inséparables[1]. Quand elle est authentique, la prière devient vie, parce qu'elle est rencontre et présence, même dans l'obscurité de la foi, et cela porte du fruit ; sinon la prière se réduirait à des mots, des rites, des sentiments superficiels, des pensées vagues. De même la vie devient prière, parce qu'elle est orientée, habitée, évangélisée, consacrée ; sinon on se contenterait de juxtaposer une existence profane et finalement païenne à une religiosité conventionnelle. Il en va de même de la prière mariale. Elle est à la fois la source et la conséquence d'une relation vivante et personnelle avec la Mère de Dieu.

---

1. N° 2745.

Il ne faut pas chercher très loin la raison profonde de notre amour filial pour Marie et de notre compagnonnage spirituel avec elle. *Le disciple n'est pas au-dessus de son Maître ; le disciple accompli sera comme son Maître*[1]. Suivre Jésus, c'est s'engager dans *l'Imitation de Jésus-Christ*. C'est aimer comme lui, avoir un cœur qui ressemble au sien, chérir ce qu'il chérit : son Père, ses frères, sa Mère. En ce qui concerne l'amour des frères, nous connaissons par cœur le commandement nouveau[2] : aimez-vous les uns les autres *comme je vous ai aimés*. En ce qui concerne l'amour du Père, nous avons comme référence quotidienne la prière du Seigneur ; l'Esprit témoigne de notre adoption filiale[3] et nous pouvons nous écrier : *Abba, Père !* En ce qui concerne l'amour de Marie, il serait bien étonnant que les disciples en soient exclus : y a-t-il quelque chose que le Christ n'ait pas partagé avec nous ? Or l'amour mutuel qui unit cette Mère et cet Enfant est incomparable. Il est vrai que les évangélistes n'en parlent pas directement ; mais c'est une loi générale du témoignage évangélique : il porte sur des faits, il se garde le plus souvent des commentaires psychologiques et même théologiques. On peut

---

1. *Luc 6,40*.
2. *Jean 15,12*.
3. *Matthieu 6,9 ; Lettre aux Romains 8,15*. Voir le livre de Michel Wackenheim, *Découvrir le Notre Père*, pages 14-17.

cependant en pressentir quelque chose, surtout dans le quatrième évangile. Les deux dialogues qui ouvrent et qui ferment la vie publique me semblent particulièrement éloquents, surtout par leurs phrases extrêmement brèves et même leurs silences. À Cana comme à la Croix, des choses très grandes sont dites en des mots très simples et très brefs ; ces dialogues lourds de sens et de conséquences sont allégés de toute explication ou justification ; cela trahit entre les deux interlocuteurs une connivence ancienne et une communion profonde. Pour parler familièrement, ces deux-là n'ont pas besoin de se faire un dessin ! Le disciple bien-aimé, qui est témoin de leur intimité, va finalement découvrir qu'il peut la partager.

À Cana sous le mode de l'annonce figurative et prophétique, au Golgotha sous le mode de l'accomplissement, le point de rencontre de Marie et de Jésus est le mystère de l'Heure, c'est-à-dire le drame de la Rédemption. À l'image d'Abraham conduisant Isaac sur la montagne du sacrifice, mais cette fois sans l'échappatoire d'un bélier de remplacement, Marie doit accompagner *son fils, son unique, celui qu'elle aime* [1] ; pas seulement l'accompagner, mais l'offrir. Voilà ce qui lui est demandé par cette parole qui la transperce comme une épée et la crucifie intérieurement avec son enfant crucifié :

---

1. *Genèse 22,2.*

Femme, voici ton fils [1]. Parole du dépouillement suprême, à l'image du Fils qui était dans la condition divine mais qui s'est dépouillé lui-même, se faisant obéissant jusqu'à la mort sur la Croix [2]. Comme le père Laurentin l'a fait remarquer, le jeu subtil des possessifs dans le récit de saint Jean souligne ce douloureux passage :

> près de la croix de Jésus se tenait *sa* mère…
> il dit à *la* mère…
> il dit au disciple : voici *ta* mère…

Pour passer de la maternité divine à la maternité ecclésiale, Marie est comme détachée de tout lien. Mais cette heure de la plus grande solitude et de la séparation ouvre le temps de la communion. C'est le moment où sa maternité va s'étendre aux dimensions de l'Église et du monde : *Fils, voici ta Mère.*

Comme Jésus au Jardin des Oliviers, dont l'âme est triste à en mourir [3], Marie au Calvaire a l'âme transpercée. Cette blessure non sanglante mais si profonde fait d'elle la reine des martyrs. Le peuple chrétien méditera toujours cette scène avec émotion, mêlant gratitude et repentir, complétant même

---

1. *Jean 19,26* ; cf. *Luc 2,35.*
2. *Lettre aux Philippiens 2,6-8.*
3. *Marc 14,34.*

le récit évangélique par deux autres scènes : la rencontre de la Mère et du Fils pendant le chemin de croix, et la déposition du corps dans les bras de Marie avant la mise au tombeau. Les artistes en feront un thème récurrent de l'art chrétien : tableaux des peintres, *Pieta* des sculpteurs, *Stabat Mater* des musiciens. Ce n'est pas une fascination morbide, c'est un regard de foi : la blessure mortelle du Fils devient la source d'une Vie nouvelle, le cœur broyé de la Mère devient le berceau de l'avenir. Ainsi naît l'Église, du côté transpercé de l'Agneau, dans le triple témoignage de l'Esprit, de l'eau et du sang[1]. Personne, en effet, ne peut entrer dans le Royaume sans *naître de l'eau et de l'Esprit — non pas avec l'eau seulement* (saint Jean semble ici se corriger lui-même) *mais avec l'eau et avec le sang.* Notre salut a coûté cher au Fils de Dieu ! *Au prix de son sang*[2] ! Mais nous avons coûté cher aussi à la Mère. Avait-elle quelque chose de plus précieux à offrir que la chair de sa chair ? Comment oublier que nous sommes nés également au prix de ses larmes ? Cela crée entre elle et nous une parenté indicible, non selon la chair mais selon l'Esprit.

---

1. *1ère lettre de Jean 5,6-8 ; Jean 19,34-35 ; cf. 3,5.*
2. *Apocalypse 5,9.*

Prendre Marie chez nous

À partir de cette Heure-là, le disciple la prit chez lui [1].
L'acquiescement du disciple à l'indication du Maître
(Voici ta mère) n'est pas un consentement seulement
verbal ou une affirmation de principe. C'est un geste
concret. Il n'ouvre pas seulement ses bras, ou sa
maison à cette présence maternelle ; il ouvre sa vie.
Le texte grec de l'évangile le dit par une préposition
de mouvement, un neutre pluriel et un possessif
emphatique : littéralement, *il la fit entrer dans ces choses
qui étaient siennes (eis ta idia)*. Il s'agit d'introduire
Marie dans ce qui est pour lui le plus précieux, le
plus personnel, le plus vital. Quand on est entré une
fois dans cette perspective, on ne peut plus considérer la dévotion mariale comme un élément seulement périphérique ou décoratif dans la vie du
disciple. Le mystère de Marie touche au cœur du
mystère de la foi. C'est vrai du côté de la grâce
donnée : au moment même où le Christ donne sa
vie, il donne sa Mère. C'est vrai du côté de la grâce
reçue : au moment où le disciple reçoit la vie qui fait
de lui un fils, il reçoit Marie comme une mère.

Nous sommes bel et bien dans le registre de
l'adoption – avec cependant une particularité :
habituellement ce sont les parents qui adoptent

---

1. *Jean 19,27.*

l'enfant, alors qu'ici c'est l'inverse, c'est le disciple qui adopte Marie, et qui, par ce choix, affirme et confirme qu'il est et veut être fils. Comment ne pas rapprocher cela des grands textes de saint Paul sur notre filiation divine[1] : *Vous avez reçu un esprit d'adoption filiale, par lequel nous crions Abba, Père. L'Esprit lui-même témoigne avec notre esprit que nous sommes enfants de Dieu.* Il ne faut pas s'étonner de cette convergence. L'Esprit et la Vierge, étroitement unis dans l'œuvre humano-divine de l'Incarnation, quand Dieu s'est fait homme, sont également unis dans l'œuvre surnaturelle de la nouvelle naissance, quand l'homme devient fils de Dieu. *La maternité spirituelle de Marie est une participation à la puissance de l'Esprit Saint, de celui qui « donne la vie »*[2]. Pour certains esprits critiques, ce parallélisme serait la preuve que dans le catholicisme Marie a pris la place du Saint-Esprit[3]. C'est plutôt le signe du réalisme chrétien. Marie atteste que le monde de la grâce n'est pas un autre monde, un monde virtuel ou abstrait. En Marie et par Marie, la grâce s'inscrit dans la chair de ce monde et dans la trame de l'histoire.

---

1. *Lettre aux Romains 8,14-17 ; Lettre aux Galates 4,6.*
2. Jean-Paul II, homélie à Fatima, le 13 mai 1982, n° 5 *(Documentation Catholique* n° 1831, page 540).
3. J'ai eu l'occasion de discuter cette thèse, dans *La prière et la vie spirituelle*, page 149 (collection « Une foi mille questions », Edifa).

Il faut avouer que tous les fidèles ne sont pas prêts à entrer dans une relation filiale avec Marie, même si beaucoup la vivent spontanément et sans se poser de questions. Certains sont victimes de l'ignorance : ils n'en ont tout simplement pas entendu parler, ou bien le témoignage qu'on leur en a donné était faussé et irrecevable. D'autres, on vient d'en citer un exemple, sont retenus par des objections théologiques qui n'ont pas reçu les éclaircissements souhaitables. Il y a aussi des personnes pour qui l'obstacle est surtout psychologique, comme on peut le constater dans un accompagnement spirituel. Une relation problématique à sa propre mère, une blessure de l'image maternelle se reportent facilement sur Marie, et créent à son égard (parfois aussi à l'égard de l'Église-Mère) un système de défense. La réponse évidente – du moins sur le fond, car la mise en œuvre peut être délicate – est de tout reprendre dans l'ordre inverse : commencer par redécouvrir la maternité virginale de Marie, sa tendresse non maternante, sa rigueur non acariâtre, sa fidélité indéfectible ; et dans cette lumière identifier, guérir et reconstruire les relations humaines que les événements ont abîmées. On mesure alors la vérité profonde des litanies de la Vierge, qui la disent *refuge des pécheurs, salut des malades, consolatrice des affligés.*

Totus tuus

Jésus a dit : *Voici ta mère.* Si cette scène nous concerne, nous les disciples, pourquoi n'a-t-il pas dit : *Voici votre mère ?* Ce singulier ne donne-t-il pas d'avance raison à ceux qui estimeraient que ce qui se passe entre Marie et Jean ne nous concerne pas ? À cela il y a une réponse simple, et même simpliste, je l'avoue : il y a un seul disciple au pied de la Croix, Jésus n'a pas l'embarras du choix ! Mais il y a une réponse plus profonde. La maternité humaine ne se réduit jamais à une simple fonction reproductive ou éducative, qui pourrait se penser collectivement. Elle engage une relation interpersonnelle, entre la mère et chacun des enfants ; en ce sens elle est toujours singulière. Quand on dit qu'à travers Jean ce sont tous les hommes que Jésus confie à l'amour maternel de sa propre Mère, on ne parle pas de l'humanité en général, concept si englobant qu'il finit par être creux. Il faut comprendre que chaque homme est invité à connaître et à vivre la même relation privilégiée que le disciple bien-aimé.

Cette relation filiale s'exprime volontiers en termes de consécration. Est-ce légitime ? N'est-ce pas excessif ? Dans le langage courant, on se « consacre » à une multitude d'activités, de choses et de personnes. Il est vrai cependant qu'au sens absolu et religieux, on ne peut se consacrer qu'à

Dieu seul[1]. En rigueur de termes, il vaut mieux
dire, comme le fait d'ailleurs saint Louis-Marie
Grignion de Montfort, *consécration de soi-même à
Jésus-Christ, la Sagesse incarnée, par les mains de Marie.*
Quand il invite à agir *pour Marie,* le père de Montfort précise[2] qu'on cherche *le profit et la gloire [de
Marie] comme fin prochaine, et la Gloire de Dieu comme fin
dernière.* C'est une mise au point intéressante, non
seulement parce qu'elle résout, de façon définitive
à mon avis, une difficulté théologique, mais parce
qu'elle donne une orientation spirituelle fiable et
féconde. S'engager fermement et filialement dans
une alliance et une appartenance à l'égard de
Marie est de l'ordre non des fins mais des moyens.
C'est un moyen concret, sûr et accessible. C'est
aussi un moyen radical, dans la mesure où il solli-
cite de la personne un engagement existentiel, au
niveau de l'être, et pas simplement des résolutions
pratiques au plan de l'action et de la prière.

Dès le VIIe siècle saint Ildefonse de Tolède a
exprimé avec grande profondeur et justesse l'esprit
de la « servitude » pleine d'amour envers Marie[3] :
*Mon plus grand désir est d'être le serviteur de son Fils, et de
l'avoir pour souveraine. Pour être sous l'empire de son Fils, je*

---

1. Cf. Alain Bandelier, *À Jésus par Marie, actualité d'une consécration,* Éditions des Béatitudes.
2. *Secret de Marie,* n° 49.
3. Pie Régamey, *op. cit.* page 149.

veux la servir ; pour être admis au service de Dieu, je veux qu'en témoignage la Mère règne sur moi. Pour être le serviteur dévoué de son propre Fils, j'aspire à devenir le serviteur de la Mère. Car servir la servante, c'est aussi servir le Seigneur ; ce que l'on donne à Marie rejaillit sur le Fils, allant de celle qui nourrit à celui qu'elle a nourri, et le Roi voit retomber sur lui l'honneur que rend le serviteur à la Reine. Par la suite, chez saint Bernard de Clairvaux et dans la tradition monastique, le fidèle qui s'adresse à Marie comme à sa *Dame* se situe de même dans la relation du féal à sa suzeraine, du sujet à sa Reine.

Grignion de Montfort, au XVIIIe siècle, adopte le vocabulaire de l'esclavage, pour traduire une dépendance totale. C'est l'époque où l'on porte volontiers une chaînette, comme signe concret de cette dépendance. Nous avons du mal à admettre aujourd'hui que l'esclavage soit une parabole possible de la vie chrétienne ; d'une part pour une raison positive : nous avons banni (au moins en théorie) ce type de rapports humains, fondé sur la domination et l'exploitation ; d'autre part pour une raison plus douteuse : notre esprit de liberté est devenu libertaire et notre individualisme se défend de toute appartenance. Nous ne voyons plus qu'il y a un noble esclavage, et que la grandeur de la liberté est de pouvoir s'attacher librement par amour. L'apôtre Paul, qui connaît mieux que personne *la glorieuse liberté des enfants de Dieu,* et qui sait par expérience que le Christ nous a délivrés de l'esclavage de la Loi et de l'esclavage du péché se dit pourtant, sans complexe, *esclave de Jésus Christ*[1]. Saint Maximilien Kolbe, autre témoin de la dévotion mariale, jusqu'au martyre de la charité, dans le camp d'Auschwitz, témoin plus proche de nous, se veut *Chevalier de l'Immaculée :* autre façon de traduire une appartenance pleine de cœur et de zèle.

Le Pape Jean-Paul II a raconté lui-même son évolution[2] : *J'étais déjà convaincu que Marie nous conduit au Christ, mais alors je commençai à comprendre aussi que le Christ nous conduit à sa Mère.* Sa piété mariale, fervente mais traditionnelle, s'était approfondie sous l'influence du *Rosaire vivant* (groupe spirituel fondé par un laïc) puis avait subi une mise en question. La lecture du *Traité de la vraie dévotion* fut décisive. *Cela explique,* dit-il, *l'origine du* Totus Tuus. *L'expression vient de saint Louis-Marie Grignion de Montfort. C'est l'abréviation de la forme plus complète de consécration à la Mère de Dieu, qui est : « Je suis tout à toi et tout ce qui est à moi est à toi. Je te reçois dans tout ce qui est à moi. Prête-moi ton cœur, Marie. »*

Totus tuus : la devise de l'évêque de Cracovie devenu évêque de Rome, tout ce qu'elle a inspiré

---

1. *Lettre aux Romains 8,21 ; 1,1 ; Lettre aux Philippiens 1,1.* Cf. *Lettre aux Galates 5,1*
2. Jean-Paul II, *Ma vocation, don et mystère,* pages 42-43 (co-édition).

dans sa vie, tout ce qu'elle a entraîné dans l'histoire de l'Église et même du monde à la charnière des deux millénaires, tout cela est une théologie vécue. Peut-on dire que le visage de Marie voile celui du Christ, quand le Pape marial exhorte l'Église du XXIe siècle à *contempler le Christ* pour *repartir du Christ*[1] ? Peut-on penser que la dévotion mariale nous tient en marge de la réalité du monde, quand l'emblème de Solidarnosc, le mouvement qui a commencé d'ébranler le système soviétique, était l'icône de Notre-Dame de Czestochowa ? Peut-on imaginer que le chapelet n'est pas missionnaire, quand on sait qu'à Niepokalanov, autour de Maximilien Kolbe, s'était constitué un véritable monastère-usine, diffusant à un million d'exemplaires un petit journal, consacré à l'Immaculée, qui a puissamment contribué à l'évangélisation de la Pologne. Ce qui n'empêchera pas Maximilien de partir au Japon pour lancer une entreprise similaire. Décidément, les vrais « enfants de Marie » ne sont pas ce qu'on imagine !

La vraie dévotion

Au cours des apparitions de Banneux, en Belgique, pendant l'hiver 1933, il y eut une scène

---

1. Ce sont les grands thèmes de l'Exhortation apostolique *Novo millenio ineunte.*

particulièrement touchante et parlante. La Vierge avait les mains ouvertes, accueillantes, et sans toucher terre elle reculait doucement le long de la route ; Mariette, la jeune voyante, émerveillée, ne pouvait faire autre chose que la suivre. La Vierge alla jusqu'à un talus et s'arrêta. À ses pieds, il y avait une source. C'est une parabole magnifique, silencieuse et simple : Marie nous conduit à la Source, qui est le Christ lui-même. Encore faut-il se laisser conduire. « Prendre Marie chez nous » c'est aussi se laisser prendre. Si elle habite ma vie, mes pensées, mes décisions, il est clair qu'inversement j'habiterai son « pays », c'est-à-dire le Royaume dont elle est la Reine et la Mère : le monde nouveau de la grâce, rassemblé sous l'autorité du Christ-Roi, l'univers transfiguré dans la gloire de la Croix, selon le dessein de Dieu qui est *de réunir toutes choses, celles du ciel et celles de la terre, sous un seul Chef, le Christ* [1]. On comprend alors que la vraie dévotion à Marie est autre chose qu'un ensemble de « dévotions » qui peuvent être seulement extérieures et conventionnelles[2]. C'est un chemin spirituel, une pédagogie concrète et simple, mais exigeante. Elle a quelque analogie avec ce que Thérèse de Lisieux appelle « sa petite voie », voie

---

1. *Lettre aux Éphésiens 1,10.*
2. Saint Louis-Marie Grignion de Montfort, dans son *Traité de la vraie dévotion* (n° 92-104) fait une série de portraits hauts en couleur des divers types de faux dévots : critiques, scrupuleux, extérieurs, présomptueux, inconstants, hypocrites, intéressés.

d'abandon et de confiance qui est si accessible et qui va si loin. La docilité à Marie nous conduit à la conformité au Christ qui est la grâce propre du baptême et qui fait de nous d'authentiques *Christifideles*. C'est une école de sainteté.

Avec sa ferveur missionnaire et son imagination pastorale, saint Louis-Marie Grignion de Montfort proposait comme conclusion de ses missions une para-liturgie solennelle et populaire, qui replongeait les gens dans leur vocation de baptisés. Son intuition, confirmée par l'expérience, était qu'en remettant cet engagement dans les mains de Marie, on lui donnait une stabilité et une fécondité plus grandes. Il l'explique lui-même[1] : *Toute notre perfection consistant à être conformes, unis et consacrés à Jésus-Christ, la plus parfaite de toutes les dévotions est celle qui nous conforme, unit et consacre le plus parfaitement à Jésus-Christ. Or Marie [est] la plus conforme à Jésus-Christ de toutes les créatures… C'est pourquoi la parfaite consécration à Jésus-Christ n'est autre chose qu'une parfaite et entière consécration de soi-même à la Très Sainte Vierge, qui est la dévotion que j'enseigne ; ou autrement [dit] une parfaite rénovation des vœux et promesses du saint baptême.*

Le mot dévotion a pris en français un sens faible, comme le mot piété et d'autres termes religieux. Le père Laurentin a montré que dans la

---

1. *Ibid.* n° 120.

langue classique, qui est celle du père de Montfort, le mot avait un sens fort, proche de celui que le vocabulaire du *vœu* a conservé[1]. Il note que l'expression qui conviendrait le mieux, entre *dévotion*, aujourd'hui trop faible, et *consécration*, trop fort, serait le mot anglais *dedication,* qui n'a malheureusement pas d'équivalent en français. Au fond, il s'agit d'une double alliance. Mon alliance filiale avec Marie, ma Mère, et mon alliance radicale avec le Christ, mon Sauveur et mon Seigneur, sont intérieures l'une à l'autre. Le disciple bien-aimé qui reçoit au pied de la Croix, avec l'eau et le sang du Seigneur, la purification de ses péchés et l'effusion de l'Esprit Saint, reçoit en même temps Marie. Inversement, en accueillant Marie, la Mère des vivants, il accueille la Vie elle-même.

L'engagement ou la donation qui sont demandés au disciple, on peut le souligner au passage, ne consistent pas d'abord en quelque chose à faire ; il s'agit plutôt de se laisser faire. Il s'agit moins de donner quelque chose que de se donner soi-même, dans un mouvement d'abandon. L'abandon, qui est pourtant le b.a.ba de la vie spirituelle, est souvent très mal compris. Il ne signifie ni passivité, ni abdication, ni immobilisme. Il est au contraire le secret des fécondités les plus profondes et des créations les plus

---

1. René Laurentin, *Dieu seul est ma tendresse (O.E.I.L.)* pages 50-51.

imprévisibles. Il consiste en un changement radical de référence. Je ne suis plus commandé (en tout cas je ne veux plus l'être) par mes quatre volontés, tiraillé en tous sens par mes craintes, mes envies, mes réactions, mes habitudes – auxquelles il faut ajouter les pressions, les intimidations et les séductions du monde. Je choisis de remettre ma vie dans les mains de Dieu. L'Apôtre Paul le dit magnifiquement[1] : *ce n'est plus moi qui vis, c'est le Christ qui vit en moi.* Concrètement, je choisis de vivre sous les motions de l'Esprit et/ou sous l'autorité maternelle de la Vierge Marie (je l'ai dit, l'un et l'autre agissent de concert). Cela s'apprend. Comment ? D'abord par le recueillement qui permet l'écoute intérieure (même à partir de signes ou de signaux extérieurs). Ensuite par le discernement, qui permet de reconnaître parmi tous les appels ce qui vient de Dieu et ce qui va vers Dieu, et d'y adhérer. Enfin par le détachement, ou la disponibilité, qui permet d'obéir et d'agir avec joie et énergie, audace parfois, humilité toujours.

Faire alliance avec Marie, c'est tout simplement s'offrir pour avec elle accueillir Jésus et, avec elle, le donner au monde. C'est s'engager pour sa part, de façon plus consciente et plus décisive, dans ce qui est finalement la vocation et la mission de l'Église elle-même. Cela peut s'exprimer et même se célébrer

---

1. *Lettre aux Galates 2,20.*

assez solennellement à certaines étapes marquantes de nos vies, ou encore à l'occasion d'un pèlerinage ou d'une retraite. Mais cela peut se dire et se redire chaque matin, et se vivre chaque jour. Alors prier Marie n'est plus seulement penser à elle, lui dire nos louanges ou lui présenter nos demandes. C'est entrer dans sa prière, dans son immense désir de voir la révélation des fils de Dieu ; partager avec elle, jusqu'au transpercement de l'âme, le gémissement de la création tout entière en travail d'enfantement ; fuir avec elle au désert, là où dans le secret et dans le silence Dieu nourrit son peuple d'une manne cachée ; revenir avec elle sur terre pour déverrouiller des fleuves de miséricorde et de tendresse, capables d'éteindre les incendies sataniques ; chanter avec elle le cantique de l'Agneau, chant du pur amour que ne peuvent chanter que des cœurs vierges à son image ; contempler sa beauté radieuse qui descend du ciel, voir en elle, comme en transparence, toutes choses nouvelles, la Ville illuminée, le Temple ouvert ; le voyant et le sachant, oser s'engager dans les combats de ce monde, tenir comme elle dans l'espérance, une espérance à toute épreuve, car l'amour du cœur de Dieu est versé dans nos cœurs par l'Esprit Saint qui lui a été donné et qui nous est donné[1].

---

1. Dans ces lignes, on reconnaîtra de libres allusions à quelques passages du Nouveau Testament : *Lettre aux Romains 8,18-22 ; Luc 2,35 ; Apocalypse 12,1-17 ; 14,1-4 ; 21,1-22,5 ; Lettre aux Romains 5,1-5.*

Prières
en l'honneur de Marie

1. *Ave Maria*
Une prière qui vient de l'Évangile

Le texte

Texte latin

Ave Maria,
gratia plena,
Dominus tecum.
Benedicta tu in mulieribus

et benedictus fructus
ventris tui, Jesus.
Sancta Maria, Mater Dei,
ora pro nobis peccatoribus,

nunc et in hora mortis nostrae.

Amen.

Texte français traditionnel

Je vous salue, Marie,
pleine de grâce,
le Seigneur est avec vous.
Vous êtes bénie entre toutes les
femmes
et Jésus, le fruit de vos
entrailles, est béni.
Sainte Marie, Mère de Dieu,
priez pour nous, pauvres
pécheurs,
maintenant et à l'heure de
notre mort.
Amen.

Traduction liturgique de l'évangile selon saint Luc

Je te salue,
Comblée-de-grâce,
le Seigneur est avec toi.
Tu es bénie entre toutes les femmes
et le fruit de tes entrailles est béni.

La salutation angélique

Avec le *Notre Père,* le *Je vous salue Marie* est sans doute la prière qui vient le plus spontanément dans le cœur et sur les lèvres des fidèles catholiques. C'est aussi la prière dont on se souvient quand on a tout oublié, ce qui est le cas des nombreux baptisés qui se disent croyants non pratiquants. C'est peut-être la prière qui reste possible dans les grandes détresses, quand on a le sentiment d'être abandonné du Ciel et de la terre, et qu'un enfant au fond de soi crie simplement : *Maman !*

On pourrait être tenté d'opposer le *Pater,* prière évangélique que Jésus a enseignée à ses disciples, et l'*Ave Maria,* prière ecclésiastique qui serait l'expression d'une dévotion beaucoup plus récente. S'il est vrai que le *Je vous salue Marie* a pris la forme que nous lui connaissons seulement vers la fin du Moyen-Âge, les éléments qui le composent viennent néanmoins de l'Évangile, eux aussi, directement ou indirectement.

Traditionnellement, cette prière est appelée *la salutation angélique.* C'est un point à souligner. En français courant, prier et demander sont presque synonymes. Or l'*Ave Maria,* avant d'être une demande, est plutôt une louange, une prière beaucoup plus gratuite qu'on ne le pense. Bien qu'elle soit lestée souvent de multiples intentions de prière, c'est une prière contemplative. Elle commence en effet par les mots de l'ange Gabriel, saluant Marie et s'inclinant devant elle. Initialement, l'*Ave Maria* se réduisait sans doute à cette brève antienne, qui reprend un verset de l'Annonciation selon saint Luc.

On a joint à la salutation de l'ange la salutation admirative d'Élisabeth lors de la Visitation. Cela ne respecte ni la chronologie des événements, ni le fil du récit, puisque là encore on ne garde qu'un verset. En revanche cela maintient le climat de joie et de louange caractéristique de cette prière. Il est vrai qu'elle s'achève sur un ton plus grave, par une invocation qui demande à Marie de prier pour nous. Il ne s'agit pas cette fois d'une citation explicite de l'Évangile ; mais ces quelques mots à la fois simples et denses disent bien la présence maternelle de Marie auprès des disciples de son Fils, conformément à ce que suggère le Nouveau Testament[1]. Cette invocation commence d'ailleurs par une troisième salutation, qui témoigne de la foi de l'Église : *sainte Marie, Mère de Dieu.*

---

1. Voir le troisième chapitre de cet ouvrage.

Problèmes de traduction

Depuis des années, la traduction française de l'*Ave Maria* est un sujet de discussion entre les spécialistes, et aussi entre les fidèles. Un premier choix à faire est celui du vouvoiement ou du tutoiement. Le premier a le privilège de l'ancienneté et de l'usage. Le second s'est diffusé à partir des communautés nouvelles, sous l'influence du renouveau biblique et de la réforme liturgique. En effet, aucune des Bibles courantes ne fait dire à Marie, par l'ange Gabriel : *le Seigneur est avec vous, l'Esprit Saint viendra sur vous.* Joue également un phénomène d'attraction : à partir du moment où le choix du tutoiement a été fait pour Jésus Christ, on voit mal comment vouvoyer sa Mère ! Certains diront que c'est dans l'air du temps : les relations humaines sont devenues plus familières, en particulier en famille. Je crois cependant que c'est plus profond que cela. Le mystère du Christ a deux faces paradoxales : d'un côté la transcendance et la gloire, d'un autre côté la proximité et l'humilité. Il est difficile sinon impossible de dire les deux à la fois. Toute expression humaine du mystère ne peut qu'accentuer l'un ou l'autre aspect. Accentuation légitime si elle n'est pas la négation de l'autre pôle. C'est pourquoi, personnellement, je ne suis pas mécontent de la coexistence des deux usages. Partisans du « tu » ou du « vous » ont à mon avis autre

chose à faire que de se convaincre mutuellement.
Qu'ils vérifient plutôt que leur « tu » ne manque
pas de respect et que leur « vous » ne manque pas
de tendresse.

Dès le premier mot de l'*Ave Maria* les traducteurs
hésitent. Comment comprendre le Καιρε grec
(Khaïré) : Je te salue ou *réjouis-toi ?* Là encore deux
thèses sont en présence, et j'ai lu des prises de position convaincues sinon convaincantes des deux
côtés. Les partisans de *Réjouis-toi* y voient un écho
des prophéties[1]. On peut citer Sophonie : *Réjouis-toi,
triomphe de tout ton cœur, fille de Jérusalem ! Sois sans
crainte, Sion ! Le Seigneur ton Dieu est au milieu de toi, héros
sauveur !* De même Zacharie : *Chante, réjouis-toi, fille de
Sion, car voici que je viens pour demeurer au milieu de toi.*
Joël : *Terre, ne crains plus, jubile et sois dans l'allégresse, car
le Seigneur a fait grand ! Fils de Sion, jubilez, réjouissez-vous
en votre Dieu !* À l'appui de cette thèse, on fait remarquer que Luc, surtout dans ses récits de l'enfance,
se réfère volontiers à la version grecque de la Bible
qu'on appelle la version des Septante. On peut
ajouter que Marie, comme toute juive fervente,
connaît ces prophéties : la salutation de l'Ange
aurait donc pour elle une résonance particulière.

---

1. *Zacharie 9,9 ; Sophonie 3,14 ; Joël 2,21.* On peut ajouter, sous
forme négative, *Osée 9,1.*

En sens inverse, il faut reconnaître que Καιρε est la forme ordinaire de la salutation en grec. Les autres passages du Nouveau Testament où on rencontre cette formule en sont la preuve, puisque c'est ainsi que Judas salue Jésus au jardin des Oliviers avant de le trahir par un baiser[1], et que les soldats saluent le Roi des Juifs qu'ils sont en train de ridiculiser et de torturer[2]. Le moins qu'on puisse dire, c'est que dans un tel contexte ce n'est pas vraiment la joie ! Saint Jérôme, dans sa traduction latine qu'on appelle la Vulgate, a transcrit la parole de l'Ange par le salut romain : *Ave*. La liturgie latine va dans le même sens, multipliant les *Ave* et les *Salve*. Les diverses langues européennes feront le même choix : *Hail Mary, Yo te salvo Maria* etc.

Que ce débat n'occulte pas l'essentiel : en toute hypothèse, quand « bonjour » est une parole de Dieu transmise par un archange, ce mot ordinaire prend un sens extraordinaire. C'est d'ailleurs la raison pour laquelle la Vierge en est bouleversée.

Un autre mot fait difficulté : *le fruit de tes entrailles*. C'est un sémitisme pour dire ton enfant, comme on dit le fruit des lèvres pour dire la parole. Certains, soucieux d'un langage direct et compréhensible, ont

---

1. *Matthieu 26,49.*
2. *Matthieu 27,29 ; Marc 15,18 ; Jean 19,3.*

adopté cette simplification. D'autres y voient un appauvrissement. En effet, d'une part les langues sémitiques aiment les mots concrets, réalistes, d'autre part l'évangile et les Conciles insistent sur la vérité de l'Incarnation : le Verbe s'est fait chair. Mais la discussion rebondit : les uns disent *le fruit de tes entrailles*, les autres *le fruit de ton sein*. Une traduction littérale les mettrait tous d'accord, car le texte de Luc dit *le fruit de ton ventre* (koilia). Dans le Nouveau Testament, c'est le mot qu'on emploie pour parler de la digestion ; par exemple dans le débat sur les aliments impurs, ou encore quand le voyant de l'Apocalypse doit manger le livre doux dans la bouche mais amer dans les entrailles. C'est aussi le mot que l'on emploie pour parler de la gestation ; par exemple d'un infirme de naissance on dira qu'il est ainsi *depuis le ventre de sa mère*, de Paul qu'il a été *mis a part dès le sein de sa mère,* ou encore la femme dans la foule s'écriera *heureux le ventre qui t'a porté*.

Là encore il me semble difficile de trancher sans appel. Ces nuances ne sont pas seulement dans le langage, elles sont dans la réalité. Aucun mot ne traduit de façon exhaustive la richesse du mystère. Dans une prière communautaire, évidemment, il vaut mieux s'accorder sur une formulation commune. Dans la prière personnelle, chacun peut adopter le texte qui est pour lui le plus parlant. Dans le doute, le recours au *Je vous salue Marie* classique me

semble la meilleure solution. Dans l'avenir, on pourrait aboutir à une version officielle nouvelle, en prenant comme point de départ la traduction liturgique
de la Bible : les évangiles de l'Annonciation et de la
Visitation contiennent déjà la moitié de cette prière.

La double structure de l'Ave Maria

Une structure binaire : le Ciel et la terre

Ce qui saute aux yeux, quand on regarde le texte
de *l'Ave Maria*, c'est qu'il est construit en deux parties
qui se répondent. Dans un premier temps, nous levons
les yeux vers Marie et son Enfant : *Je vous salue, vous êtes
bénie, le fruit de vos entrailles est béni.* Nous répétons pour
cela quelques lignes de saint Luc : la salutation de
l'Ange Gabriel et la bénédiction d'Élisabeth. Dans
un second temps, nous demandons à Marie de *prier
pour nous, pauvres pécheurs,* autrement dit nous lui
demandons d'abaisser son regard vers la terre.
Nous pouvons d'autant plus le faire que les récits
des grandes apparitions mariales, à la rue du Bac, à
Lourdes, à Pontmain, à Fatima et ailleurs soulignent souvent son regard de miséricorde ou encore
son geste des bras ouverts vers la terre.

Il y a donc deux mouvements symétriques. Un premier mouvement monte de la terre vers le Ciel. Un second descend du Ciel vers la terre. Ce qui est frappant, c'est que la prière que le Seigneur a apprise à ses disciples, le *Notre Père*, est construit de la même manière[1]. Il commence par trois invocations qui nous tournent vers Dieu : son Nom, son Règne, sa Volonté. Il se poursuit par quatre demandes qui demandent au Père de se tourner vers nous : le pain, le pardon, la force dans la tentation, la libération du Mal. Ce parallélisme est révélateur du rythme profond de toute prière chrétienne : louange et demande, offrande et accueil. C'est le rythme de la respiration, c'est aussi celui du battement de cœur, systole et diastole. La prière est la respiration de l'âme et le cœur vivant de l'Église.

On peut remarquer que le même rythme se retrouve dans la prière du Nom de Jésus, si chère aux moines d'Orient, explicitement fondée sur le rythme de la respiration ; en inspirant : *Seigneur Jésus, Fils de Dieu, Sauveur…* en expirant : *prends pitié de moi, pécheur.* Ils répètent inlassablement cette invocation, exactement comme nous égrenons notre chapelet. C'est un enseignement à retenir : ces prières vocales ne doivent pas être *récitées,* de façon

---

1. Voir le commentaire de Michel Wackenheim, *Découvrir le Notre Père.*

haletante et mécanique ; elles doivent être posées dans le souffle et dans un balancement qui favorise la paix du cœur et le recueillement des pensées.

Au centre, Jésus Christ

Il faut souligner autre chose, qui est très important, et qui risque de passer inaperçu, surtout en français. Un mot, un nom plutôt, unit les deux parties de l'*Ave Maria*. C'est *Jésus*. Cela est d'autant plus remarquable que ce nom n'est prononcé ni par l'Ange, ni par Élisabeth. Il a été ajouté à leur double témoignage, et il le couronne. La construction courante de la phrase en français l'estompe, malheureusement, car le nom précède les qualificatifs : *Jésus, le fruit de vos entrailles, est béni.* En latin et dans la majorité des langues vivantes, *Jésus*, en revanche, est à la fois le centre et le sommet de la prière : *Et benedictus fructus ventris tui, Jesus.*

Cela confirme le christocentrisme de la prière mariale, et en particulier du chapelet, comme Jean-Paul II l'a merveilleusement montré dans sa *Lettre sur le Rosaire*. D'ailleurs, sur l'autre versant de l'*Ave Maria*, Jésus est cette fois au départ : c'est parce que le Verbe s'est fait chair, et en raison de la maternité divine, que nous invoquons *Sainte Marie, Mère de Dieu*, et que nous nous confions à son intercession.

Il y a là une indication précieuse, en particulier pour le dialogue œcuménique. La présence de Marie dans notre vie et dans notre prière n'a pas pour but de voiler, mais de dévoiler la présence du Christ.

Une structure trinitaire

Il y a une autre approche possible de l'*Ave Maria*. Si l'on distingue les deux invocations initiales, celle de l'Ange et celle d'Élisabeth, on est devant une prière en trois parties. Ce n'est sans doute pas un hasard. Il y a une logique de la prière, une sagesse spirituelle, surtout dans des textes aussi pétris de la foi de l'Église. C'est pourquoi je ne souscris guère aux propositions visant à ne retenir de l'*Ave Maria* que la partie biblique, ou à alléger le chapelet, en disant dix fois la première partie de la prière, et en ne disant qu'à la fin de chaque dizaine l'invocation *Priez pour nous.*

N'oublions pas que l'Ange Gabriel est *envoyé par Dieu.* Il ne parle pas en son nom, il est porteur d'un message qui vient de plus loin que lui. Il est en quelque sorte la voix du Père. D'ailleurs *comblée de grâce,* ce passif, renvoie au Nom imprononçable : *On* t'a comblée de grâce. En répétant ces mots, nous faisons nôtre la pensée du Père, nous laissons résonner en nous la Parole même de Dieu.

Quant à Élisabeth, elle élève la voix dans un souffle prophétique. Elle est remplie de l'Esprit Saint, comme Luc le note explicitement. Sa parole n'est pas une simple considération humaine. C'est une parole inspirée, au sens le plus fort du mot. Répéter après elle et avec elle *Tu es bénie, et le fruit de ton ventre est béni,* c'est parler dans l'Esprit et prophétiser à notre tour.

Comment ne pas relire alors la troisième partie de l'*Ave Maria* comme une parole du Christ ? On objectera qu'il est sans péché, et qu'il ne peut pas prier comme les pauvres pécheurs. Bien au contraire ! L'Agneau qui enlève les péchés du monde a été pour nous identifié au péché, il intercède pour les pécheurs, il ne rougit pas de les appeler ses frères[1]. La Tête est inséparable du Corps. *La Plénitude du Christ, c'est la Tête et les membres. Qu'est-ce à dire : la Tête et les membres ? Le Christ et l'Église*[2].

Cet arrière-plan trinitaire est évidemment éclairant, lui aussi. La Trinité sainte n'est pas une curiosité théologique ou un thème mystique pour initiés.

---

1. Bien des versets du Nouveau Testament seraient à citer. Voir : *2ᵉ lettre aux Corinthiens 5,21 ; Lettre aux Romains 8,34 ; Lettre aux Hébreux 2,11.*
2. St Augustin, commentaire de *Jean 21,8.*

Elle est le lieu même de notre existence rachetée et transfigurée. Accueillir Marie dans notre prière, c'est entrer avec elle dans l'intimité des Trois, et appeler tout homme à habiter la *Demeure* qui est sa patrie véritable et dont l'Église est comme le sacrement.

Le cercle gracieux

Pour finir, il me semble intéressant de repérer les mots qui ont été ajoutés au texte évangélique pour constituer l'*Ave Maria* tel que nous le disons aujourd'hui. Dès le IVe siècle en effet, on reprenait dans la prière les phrases tirées de l'évangile ; mais c'est seulement à partir du XIVe siècle, semble-t-il, qu'on a développé l'invocation « priez pour nous ». Dans le tableau ci-après, ce sont les mots en caractères gras. Il y a le nom de *Marie* au début, le nom de *Jésus* au milieu, et *nous* à la fin (on me pardonnera de résumer ainsi toute la finale). Ce *nous* de l'humanité est caractérisé de façon percutante : l'homme est confronté au cercle vicieux du péché, du temps *(maintenant)* et de la mort. On sait par saint Paul combien en effet ces trois dimensions de notre existence blessée ont partie liée[1].

---

1. C'est le thème de tout le chapitre 5 de la *Lettre aux Romains*.

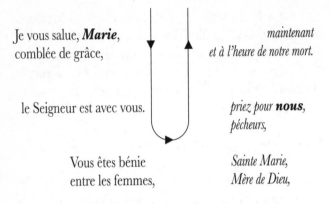

Je vous salue, **Marie**,
comblée de grâce,

*maintenant
et à l'heure de notre mort.*

le Seigneur est avec vous.

*priez pour **nous**,
pécheurs,*

Vous êtes bénie
entre les femmes,

*Sainte Marie,
Mère de Dieu,*

et le fruit de vos entrailles est béni,
Jésus

Donc en tout trois sujets. Et entre les trois les
chemins de la grâce : cercle gracieux de l'Amour
créateur et re-créateur, qui part de Marie, prise
entre les femmes, et aboutit à Jésus, en qui se
trouve toute bénédiction, et qui du Fils de Dieu
s'étend jusqu'aux pauvres pécheurs, en passant par
le cœur de la Mère.

2. *Magnificat*
Un chant émerveillé

Le chant de la miséricorde

Certaines traductions de la Bible, en particulier la traduction liturgique, ont le souci d'utiliser un langage courant et d'éviter les mots rares. On comprend ce choix, mais on en voit aussi les limites. Le riche vocabulaire biblique et liturgique de l'amour divin, avec ses nuances de miséricorde, de compassion, de tendresse, de pitié, de fidélité, de grâce, de bienveillance risque d'être appauvri, et assez uniformément traduit par le mot *amour*. Pour la version chantée du *Magnificat*, c'est ce choix discutable qui a été fait dans la psalmodie en français. Le fait qu'il soit chanté depuis des années a fait de ce texte déjà ancien un texte populaire et même classique. Finalement cette version a été adoptée telle quelle dans la liturgie francophone.

Or *miséricorde* est un mot-clé de la prière de la Vierge Marie (en grec : *to elos,* qui est de la même racine que le verbe de l'invocation *Kyrie eleison).* Le mot revient deux fois : *sa miséricorde s'étend d'âge en âge,* et *Il se souvient de sa miséricorde.* Deux façons complémentaires de manifester que toute l'histoire humaine est traversée par ce mystère de l'Amour miséricordieux, en amont (le temps des promesses) et en aval (d'âge en âge). Tous les verbes du *Magnificat* – et ils sont nombreux – en sont l'illustration, mais particulièrement le dernier, qu'on traduit habituellement ainsi : *Il relève Israël son serviteur.* En fait, c'est moins l'idée de relever que celle de recueillir, ou encore de venir en aide. Ainsi les compagnons de la pêche miraculeuse se donnent un coup de main, ou les fidèles des communautés pauliniennes doivent se soutenir, et aider les plus faibles[1]. Jésus lui-même, *parce qu'il a souffert l'épreuve, peut venir en aide à ceux qui sont éprouvés*[2].

Ce geste de compassion du père qui prend en charge son enfant est évoqué plusieurs fois dans l'Ancien Testament. Je sais bien que le mot *païs* en grec (*puer* en latin) peut désigner aussi bien l'enfant que l'esclave, l'un et l'autre membres de la maisonnée, sous l'autorité du maître de maison. Cependant

---

1. *Luc 5,7 ; Lettre aux Philippiens 4,3 ; Actes des Apôtres 20,35.*
2. *Lettre aux Hébreux 2,18.*

la beauté du geste, comme la tradition biblique, invitent à dire d'Israël qu'il est enfant plutôt que serviteur[1]. Marie elle-même, sans que cela soit dit explicitement, se situe dans une relation filiale devant Dieu, qui *pose sur elle son regard (épiblépeïn) :* cela ne veut pas dire qu'il la regarde de haut, ni de loin ; au contraire il se penche vers elle. Plus que personne, elle se sait *comblée de grâce,* enveloppée de miséricorde.

Grandeur et petitesse

Dans le *Magnificat,* la Miséricorde est célébrée comme la rencontre inouïe entre la Grandeur de Dieu et la petitesse de l'homme. Entre les deux, la distance est infinie, et pourtant elle est comblée ! N'est-ce pas le cœur du message évangélique ? On connaît peut-être le sinistre et cynique *Notre Père* de Jacques Prévert : *Notre Père, qui êtes aux cieux, restez-y.* Le *Magnificat* s'inscrit en faux contre cette double condamnation : de l'homme à être sans grandeur, sans élévation possible, de Dieu à être sans miséricorde, sans abaissement possible. Que Dieu soit

1. *Osée 11,1-4.* Certains passages des poèmes du Serviteur, dans le livre d'Isaïe, peuvent être interprétés comme une évocation des épreuves et du témoignage du peuple d'Israël. Mais ils relèvent d'un autre vocabulaire et d'un tout autre contexte. *Isaïe 41,8 ; 44,1.*

grand, ce n'est pas une révélation : toute la Bible
en donne le témoignage, et Marie le sait depuis
toujours. Que la créature soit devant lui *poussière et
cendre*, comme le disent Abraham et Job, ou *vermis-
seau* comme le disent Job et Isaïe[1], on le sait aussi.
Ce qui est nouveau, et ce qui fait chanter Marie,
c'est de voir comment en Jésus-Christ les extrêmes
se rencontrent et s'épousent. Nous ne savions pas
de quel amour nous étions aimés !

Le premier mot du *Magnificat* est le verbe *magnifier*[2], construit en grec comme en latin sur l'adjectif
grand. On pourrait traduire : *mon âme dit la grandeur
du Seigneur.* C'est comme une dilatation de l'âme, un
débordement du cœur, devant l'immensité du don
de Dieu, devant ce que saint Paul appelle *la largeur,
la longueur, la hauteur et la profondeur : connaître l'amour
du Christ qui surpasse toute connaissance, pour que vous
soyez remplis de toute la plénitude de Dieu*[3]. Magnifier
Dieu, c'est la réponse de l'homme aux magnifi-
cences de Dieu, à ses *merveilles,* comme disent la plu-
part des traductions, avec le risque d'occulter ce
beau répondant : Dieu a fait quelque chose de
grand *(mégala,* en grec) et nous le louons hautement

---

1. *Genèse 18,27 ; Job 30,19 ; 25,6 ; Isaïe 41,14.*
2. Des traducteurs emploient ici le verbe *exalter,* et au verset
suivant le verbe *exulter,* pour transposer en français une asso-
nance qu'il y aurait en grec entre *mégaluneï* et *ègalliasen.*
3. *Lettre aux Éphésiens 3,18-19.*

de ses hauts faits. Le *Magnificat* anticipe l'expérience de la Pentecôte : *nous les entendons parler dans nos langues des grandeurs de Dieu*. De même, avant le baptême de Corneille par l'apôtre Pierre, l'Esprit Saint tomba sur eux, et on *les entendait parler en langues et magnifier Dieu* [1]. Cela dit, la louange de Dieu ne se réduit pas à une prière ou à une proclamation. L'existence du croyant lui rend témoignage et lui rend gloire. On peut appliquer à Marie ce que le vieux Paul écrit à ses chers Philippiens[2] : *maintenant comme toujours, Christ sera magnifié dans mon corps, soit par ma vie, soit par ma mort.*

Ce qui est bouleversant, et qui fait redoubler la louange, c'est que l'infini de l'Amour est révélé et communiqué aux êtres si limités que nous sommes. Marie, pauvre servante, en a fait l'expérience, et elle peut le proclamer. Jésus lui-même le dira un jour, après le retour des soixante-douze disciples, dans un bref *Magnificat* extraordinaire[3] : *Je te loue, Père, parce que tu as caché cela à des sages et à des savants, et tu l'as révélé à des tout-petits…* La petitesse est mentionnée deux fois dans le *Magnificat* : la première

---

1. *Actes des Apôtres 2,11 ; 10,46.*
2. *Lettre aux Philippiens 1,20.*
3. *Luc 10,21.* Sœur Jeanne d'Arc a montré que l'absence de l'article défini enlevait à cette phrase le caractère dialectique et arbitraire qu'on lui donne trop souvent *(Les Évangiles, les Quatre,* éditions les Belles Lettres).

fois Marie parle d'elle-même, la seconde fois elle parle des autres : *il a regardé l'humilité de sa servante* et *il a élevé les humbles.* Ce vocabulaire de l'humilité peut être trompeur ; avant de désigner une vertu morale, certes très précieuse, il traduit une expérience existentielle. Je suis réellement pauvre. Le mot grec *(tapeïnosis)* désigne ce qui est bas, peu élevé. La même racine se retrouve dans notre mot… *tapis !* – ce que l'on foule aux pieds. L'arrière-plan hébraïque évoque une sorte de disqualification, une humanité de peu de valeur, comme celle des Corinthiens aux yeux du monde[1] : *Regardez, frères, votre appel : il n'y a pas beaucoup de sages selon la chair, pas beaucoup de puissants, pas beaucoup de gens bien-nés… Ce qui dans le monde est sans naissance et que l'on méprise, c'est ce que Dieu a choisi ; ce qui n'est pas, pour abolir ce qui est.*

Décidément, le *Magnificat* est un condensé d'évangile. L'âme de Marie est un parfait miroir de celle du Maître, *doux et humble de cœur : il s'est anéanti, prenant forme d'esclave, il s'est abaissé (étapeïnôsen), devenant obéissant jusqu'à la mort, et la mort de la croix*[2]. Quand les disciples se disputent les premières places et se demandent qui est le plus grand, Jésus appelle un petit enfant et le place au milieu d'eux : *celui qui s'abaissera comme cet enfant, c'est lui qui est le plus*

---

1. *1ère lettre aux Corinthiens 1,26-29.*
2. *Matthieu 11,29 ; Lettre aux Philippiens 2,8.*

grand dans le Royaume des Cieux. En effet, *le plus grand
d'entre vous sera votre serviteur. Celui qui s'élèvera sera
abaissé, celui qui s'abaissera sera élevé*[1]. Le Très-Haut
est venu chez les très-bas, et tout est bouleversé ;
ceux qui sont par terre sont élevés, tandis que les
puissants tombent de haut.

Un renversement

Il y a bien quelque chose de révolutionnaire dans
le *Magnificat*. C'est une prophétie qui annonce les
temps nouveaux du Messie et la transformation du
visage de la terre. C'est une contemplation de l'action de Dieu dans l'histoire des hommes, car *il a
déployé la force de son bras.* Cela évoque les hauts faits
de la libération d'Égypte et de l'Exode, lorsque
Dieu sauvait son peuple *à main forte et à bras étendu*[2].
Mais désormais, au-delà du cercle d'Israël, tous *ceux
qui le craignent,* à travers *toutes les générations,* sont
concernés par cette nouveauté. Il y a là de quoi
fonder une théologie chrétienne de la libération[3] : on
y trouve à la fois le dynamisme d'une espérance,
puisque Dieu lui-même prend parti pour l'homme,

---

1. *Matthieu 18,4 ; 23,12.*
2. *Deutéronome 4,34 ; 5,15* etc.
3. Voir René Coste, *le Magnificat ou la Révolution de Dieu* (Nouvelle Cité).

en particulier pour le pauvre, et le sens d'une responsabilité, puisqu'il appartient aux hommes
d'épouser cette vision divine des choses et d'en tirer
les conséquences.

Il y a bien sûr le risque, qui s'est vérifié parfois,
de faire du *Magnificat* une lecture dialectique et
marxisante. Au lieu de le lire comme un texte
pascal, témoignant d'une conversion des cœurs et
d'une transformation des relations humaines, on a
pu le lire comme un manifeste de la révolte et du
règlement de compte, où les pauvres prennent la
place des riches et les humiliés celle des tyrans. Ce
qui, au total, ne change strictement rien. Comme
on l'a dit avec humour et sagesse politique, la vraie
révolution n'est pas de changer les acteurs, mais de
changer les rôles. Si on interprète le *Magnificat* dans
la lumière de l'Évangile, et en particulier des Béatitudes, dont il est très proche, il faut bien voir que la
délivrance n'est pas seulement celle des affamés qui
sont comblés, ou des humiliés qui sont relevés.
L'abaissement des puissants, l'appauvrissement des
riches sont aussi une libération. Le malheur du
riche et du repu, c'est leur satisfaction illusoire ;
les « malheurs » qui chez saint Luc[1] complètent
les Béatitudes le disent bien. Renvoyer vides les
riches, c'est leur rendre un grand service, les

_____

1. *Luc 6,24-25.*

sauver de l'enfermement et de l'encombrement mortels qui les empêchent de vivre l'ouverture nécessaire à Dieu et aux autres. Ce « vide » de tout l'être, et pas seulement des mains (le mot *mains* n'est pas dans le texte de l'évangile), est la première béatitude, et le sens profond de la virginité de Marie.

Un même renversement se joue autour de la puissance. Alors qu'il y a chez l'homme un instinct ancestral de domination, l'Esprit Saint nous inspire de rivaliser dans la charité et l'humilité : *que chacun estime les autres supérieurs à soi-même ; ne faites pas les fiers, mais laissez-vous attirer par ce qui est humble ; soyez soumis les uns aux autres dans la crainte du Christ*[1]. Alors la société (et pour commencer la communauté chrétienne) ne se construit plus sur des rapports de force, mais selon des liens de fraternité et de service mutuel. Cela suppose que chacun renonce à son fauteuil – et pas seulement que les puissants descendent de leur trône. Inversement, cela invite à donner de l'importance au plus petit. Marie peut d'autant plus en témoigner qu'elle en est la preuve vivante et la plus éclatante. Elle qui se voit au rang de l'esclave et de la pauvresse reçoit la mission la plus stupéfiante et la plus haute qui soit. Non pas malgré sa pauvreté, mais en raison même de sa

---

1. *Lettre aux Romains 12,16 ; Lettre aux Philippiens 2,3 ; Lettre aux Éphésiens 5,21.*

pauvreté. Ne nous étonnons pas si lors de ses apparitions historiques elle s'adresse de préférence à des enfants, des bergères, des ignorants. Telle mère, tels fils !

Une vision de foi

La traduction courante du *Magnificat* voile une autre dimension de la prière de Marie, à mon avis. On a pris l'habitude de le lire au présent[1], alors que presque tous les verbes sont au passé (plus exactement à l'aoriste). On nous explique, non sans raison sans doute, qu'il faut comprendre ce passé comme un présent, comme l'expression de ce que Dieu ne cesse de faire. Pourtant, dans la vision de foi qui est celle de Marie et qui est aussi celle des apôtres, *les temps sont accomplis,* le salut nous est donné. Le Père *nous a délivrés du pouvoir des ténèbres et transférés dans le Royaume du Fils de son amour*[2]. C'est fait, *c'est accompli,* comme Jésus peut le dire au moment de mourir. Certes, tout ce qui est donné pleinement n'est pas encore pleinement reçu, et cet écart est le lieu même de la mission de l'Église, jusqu'à ce que *Dieu soit tout en tous*[3]. Pourtant il est

---

1. Ce que ne font ni la Bible de Jérusalem ni la Bible Osty.
2. *Lettre aux Colossiens 1,13.*
3. *1ère lettre aux Corinthiens 15,28.*

juste et bon de rendre grâce, dès maintenant, pour *ce que nous avons entendu, ce que nous avons vu de nos yeux, ce que nous avons contemplé et ce que nos mains ont palpé du Verbe de vie :* oui, *la Vie s'est manifestée, et nous avons vu, et nous témoignons* [1]. Qui, mieux que Marie, peut témoigner du don de Dieu ? Qui l'a touché davantage de ses mains et gardé dans son cœur ?

La prière de Marie est un témoignage et une prophétie. Elle ne prophétise pas au sens populaire de ce mot, qui signifie trop souvent prédire l'avenir ou encore prendre ses désirs pour la réalité. Comme les prophètes de la Bible, elle énonce au contraire la réalité la plus vraie, qui n'est pas la plus évidente, mais la plus cachée. C'est pourquoi le prophète est aussi le voyant ; il voit ce que les autres ne voient pas, et c'est ainsi qu'il a quelque chose à dire, au nom du Seigneur. Dans la lumière de l'Annonciation et de la Visitation (mais que sera ensuite la lumière de la Croix ? et celle de Pâques !) Marie a vu les grandes choses que le Seigneur a faites pour elle, et avec elle pour le monde : *il a dispersé les orgueilleux, renversé les souverains, élevé les humbles, comblé les affamés, renvoyé les riches...*

Parce qu'elle a vu, elle est dans la louange. La louange n'est pas de l'illuminisme, de l'autosuggestion,

---

1. *1ère lettre de Jean 1,1-2.*

une façon de se persuader que tout est pour le mieux dans le meilleur des mondes. C'est un émerveillement qui découle d'une contemplation. Les deux étapes sont bien marquées dans le texte de Luc (sinon dans les traductions) : il y a un présent puis un passé. Marie *magnifie le Seigneur* (au présent), et elle *a tressailli de joie* (au passé). Tressaillement du cœur, allégresse de l'esprit, cela est daté ; cela correspond à la révélation qui lui est faite, à l'événement du salut qui s'accomplit, à l'avènement de Jésus *(mon Sauveur)*. Cela ne se répète pas, c'est fait une fois pour toutes. En revanche, c'est la source actuelle et permanente de sa prière et de sa louange : elle a vraiment des raisons de chanter Dieu au présent, c'est-à-dire chaque jour de sa vie terrestre, et dans l'éternité. Et nous avons raison de chanter avec elle le *Magnificat*.

Une traduction du *Magnificat* « au ras du texte »

Mon âme magnifie le Seigneur
et mon esprit a tressailli d'allégresse
à cause de Dieu mon Sauveur
parce qu'il a posé son regard
sur l'humilité de son esclave :
oui, à partir de maintenant
toutes les générations diront mon bonheur

parce qu'il a fait pour moi de grandes choses,
                                        le Puissant,
et son Nom [est] saint
et sa miséricorde au fil des générations et des
                                        générations
[est] pour ceux qui le craignent.
Il a montré la force de son bras,
il a dispersé des orgueilleux enfermés dans
                                        leurs pensées,
il a fait descendre des puissants de [leur] fauteuil
et élevé des humbles,
des affamés il les a remplis de bonnes [choses]
et des riches il les a renvoyés vides,
il a pris en charge Israël son enfant
en mémoire de [sa] miséricorde
comme il [en] avait parlé à nos pères
[par amour] pour Abraham et sa descendance
au fil des siècles.

Commentaires

à cause de Dieu : en Dieu est un sémitisme ; en hébreu,
    la préposition *dans* a une multitude de sens, et
    souvent un sens causal.
oui : littéralement *car voici*.
au fil des générations : littéralement *vers les générations ;*
    l'expression donne une sensation de mouvement.

ceux qui le craignent : la crainte du Seigneur revient si souvent dans les textes bibliques qu'il est difficile de traduire autrement ; on sait que cela n'a rien avoir avec la peur psychologique ; c'est plutôt une expérience spirituelle, le saisissement devant la Présence divine ; les textes liturgiques traduisent parfois *adoration.*

Il a montré la force de son bras : littéralement *il a fait force par son bras.*

des orgueilleux : Il ne faut certainement pas traduire *les superbes,* qui est trop énigmatique dans la langue actuelle.

enfermés dans leurs pensées : littéralement *par la pensée de leur cœur.*

sa descendance : littéralement *sa semence.*

au fil des siècles : même construction que *au fil des générations.*

3. *Autres prières*
Salutation, supplication, consécration

Cet ouvrage n'a pas l'ambition de proposer un florilège des prières mariales. Après vingt siècles de dévotion envers la Mère de Dieu, il y aurait beaucoup de trésors à offrir. Des recueils s'y emploient, en divers formats et selon diverses conceptions[1]. En revanche il semble opportun de recueillir l'essentiel des prières mariales liturgiques, ne serait-ce que parce qu'on ne les a pas toujours en mémoire ni même sous la main. On y ajoutera quelques prières contemporaines. L'ensemble veut illustrer tout ce qui précède : les diverses facettes de la prière avec Marie, son ancienneté, son actualité.

---

1. Voir par exemple l'ouvrage *Marie et l'Église* de Mgr Henri Brincard, Salvator, 2000.

Prières de salutation

Les prières les plus anciennes en l'honneur de Marie ne font que répéter et développer librement la salutation de l'Ange Gabriel. Dans la tradition monastique occidentale, en particulier cistercienne, la liturgie des Heures s'achève par l'office des Complies, et quand les lumières de l'église s'éteignent, le chœur chante une antienne grégorienne en l'honneur de la Vierge. Cet usage s'est généralisé dans la prière du bréviaire. Il a été adopté par les fidèles, indépendamment de l'office divin.

Chaque antienne ajoute à la salutation une louange ou une demande, ce qui lui donne une tonalité particulière. Traditionnellement, chacune est rattachée à une période déterminée de l'année liturgique. La liturgie francophone a abandonné cet usage, mais de nombreuses communautés l'ont conservé ; elles ont raison, car quand on chante tout, tout le temps, les textes perdent leur saveur et les jours perdent leur couleur.

Pour le temps de l'Avent

Alma Redemptoris Mater,
quae pervia cæli porta manes,
et stella maris, succurre cadenti,
surgere qui curat, populo ;

tu quae genuisti, natura mirante,

tuum sanctum Genitorem,
Virgo prius ac posterius,
Gabrielis ab ore sumens illud Ave,

peccatorum miserere.

Mère féconde du Rédempteur,
porte du Ciel toujours ouverte,
étoile de la mer, viens au secours
du peuple qui tombe et cherche à se
relever ;

toi qui as enfanté à l'émerveillement
de la nature

le Dieu saint qui t'a créée,
vierge avant comme après,
toi qui reçois de la bouche de Gabriel
le célèbre *Ave*, prends pitié des
pécheurs.

Pour le temps du Carême

Ave, Regina cœlorum,
ave, Domina angelorum,
salve, radix, salve, porta,

ex qua mundo lux est orta.

Gaude, Virgo gloriosa,
super omnes speciosa ;
vale, O valde decora,
et pro nobis Christum exora.

Salut, Reine des cieux !
Salut, Reine des anges !
Salut, Tige féconde ! Salut,
Porte du ciel !
Par toi, la lumière s'est levée
sur le monde.
Réjouis-toi, Vierge glorieuse,
belle entre toutes les femmes !
Salut, splendeur radieuse :
implore le Christ pour nous.

Pour le temps pascal

Regina cœli, *laetare, alleluia,*
quia quem meruisti portare, alleluia,

resurrexit sicut dixit, alleluia,

ora pro nobis Deum, alleluia.

Reine du ciel, réjouis-toi, alléluia,
car le Seigneur que tu as porté,
alléluia,
est ressuscité comme il l'avait dit,
alléluia,
prie Dieu pour nous, alléluia.

Pour le temps ordinaire[1]

Salve, Regina, *mater misericordiae ;*	Nous te saluons, ô Reine, mère de miséricorde ;
vita, dulcedo et spes nostra, salve.	notre vie, notre douceur et notre espérance, nous te saluons.
Ad te clamamus, exules filii Evae.	Vers toi nous crions, enfants d'Ève, exilés.
Ad te suspiramus, gementes et flentes in hac lacrimarum valle.	Vers toi nous soupirons, gémissant et pleurant dans cette vallée de larmes.
Eia ergo, advocata nostra, illos tuos misericordes oculos ad nos converte.	Et toi, donc, notre avocate, tourne vers nous ce regard miséricordieux qui est le tien.
Et Iesum, benedictum fructum ventris tui, nobis post hoc exilium ostende.	Et Jésus, le fruit béni de tes entrailles, après ce temps d'exil, daigne nous le montrer.
O clemens, O pia, O dulcis Virgo Maria.	Ô clémente, ô tendre, ô douce Vierge Marie.

L'Hymne acathiste

Il faudrait compléter ces antiennes par la tradition liturgique de l'Orient chrétien, qui tient en si grand honneur la *Théotokos*. L'Orient a d'ailleurs fourni beaucoup de thèmes et d'images à l'Occident, en particulier par le biais des Conciles et du monachisme. Il faut au moins évoquer *l'Acathiste*. Derrière ce nom étrange, il y a une simple consigne liturgique, qui est de chanter cette prière *sans s'asseoir* – ce qui

1. Traduction revue par l'auteur.

n'est pas sans mérite, car c'est un chant de douze strophes composées de douze versets. Chaque verset commence par *Khaïre,* la salutation de l'Ange. Chaque strophe est précédée d'une paraphrase des évangiles (avec parfois une allusion aux évangiles apocryphes). Cela ressemble étrangement à notre Rosaire, avec l'introduction de chaque mystère avant chaque dizaine. On peut considérer aussi cette hymne comme la plus ancienne des litanies de la Vierge, et la plus riche. On l'attribue à Romanos le Mélode (Ve siècle) ou à Germain de Constantinople (VIIIe siècle). On me pardonnera de partager l'avis du père Régamey[1], et de le recopier : *Est-il nécessaire de faire remarquer combien cette haute dévotion est virile et tonique, et nous change de tant de basses mièvreries !*

Cette prière est trop longue pour être donnée ici en entier. En voici quelques lignes, mais le choix est difficile et quelque peu arbitraire, d'autant plus que sa puissance vient pour une grande part d'un effet de répétition et d'accumulation.

Réjouis-toi, rayonnement de joie,
Réjouis-toi, tarissement des larmes d'Ève,
Réjouis-toi, porteuse de Celui qui porte tout,

---

1. Pie Régamey, *Les plus beaux textes sur la Vierge Marie* (La Colombe). Dans l'édition du Livre de poche chrétien, page 95.

Réjouis-toi, mystère de la Sagesse indicible,
Réjouis-toi, foi de ceux qui quêtent le silence,
Réjouis-toi, bienveillance de Dieu pour les mortels,
Réjouis-toi, audace des mortels devant Dieu,
Réjouis-toi, Mère de l'Agneau et du Berger,
Réjouis-toi, bergerie des brebis selon l'Esprit,
Réjouis-toi, ostensoir du Christ Seigneur,
Réjouis-toi, Terre de la Promesse,
Réjouis-toi, effusion de lait et de miel,
Réjouis-toi, nef de ceux qui cherchent le salut,
Réjouis-toi, port dans les traversées de la vie,
Réjouis-toi, guérison de mon corps,
Réjouis-toi, salut de mon âme.

Chaque strophe se termine par une invocation conclusive, en forme de refrain, qui est à elle seule un abîme de réflexion et de contemplation : *Nous te saluons, épouse virginale.*

Prières de supplication

Les litanies

On passe tout naturellement de la contemplation de Marie et de la grâce qui est en elle à l'admiration, de l'admiration à la confiance, et de la confiance à l'appel. C'est le mouvement du *Je vous salue Marie,* dans ses deux parties complémentaires. L'invocation la plus simple tient en trois mots : *Priez pour nous.* Si on la fait précéder d'invocations évoquant les titres de la Vierge, ses grâces, ses attentions maternelles, on obtient la prière des *Litanies*. Il en existe un certain nombre, on peut même en inventer. Celles de la liturgie romaine sont les *litanies de Lorette*.

Sub tuum

La plus ancienne supplication mariale que l'on ait conservée est le *Sub tuum*. Elle a été longtemps la plus populaire. En 1938, on en a retrouvé le texte dans un manuscrit du IIIe siècle ; cela montre qu'on invoquait déjà Marie comme *Mère de Dieu* bien avant le Concile d'Éphèse (431), qui a consacré cette expression *(Dei Genitrix* est l'équivalent latin de *Théotokos)*.

Sub tuum presidium confugimus, sancta Dei Genitrix ;	Sous ta protection nous nous réfugions, Sainte Mère de Dieu.
nostras deprecationes ne despicias in necessitatibus sed a periculis cunctis libera nos semper, Virgo gloriosa et benedicta.	Ne méprise pas nos prières quand nous sommes dans le besoin, mais de tous les dangers délivre-nous toujours, Vierge glorieuse et bénie.

Souvenez-vous

On retrouve ce climat de confiance dans le célèbre *Souvenez-vous*. Lui aussi fait dialoguer l'angoisse du priant et la sûre assistance de la Vierge. Longtemps attribuée à saint Bernard, qui sans doute ne la renierait pas, cette prière lui est en fait postérieure, même si elle est inspirée en partie de prières orientales plus anciennes.

Souvenez-vous, ô très miséricordieuse Vierge Marie, qu'on n'a jamais entendu dire qu'aucun de ceux qui ont eu recours à votre protection, imploré votre assistance, réclamé votre secours ait été abandonné.

Animé d'une pareille confiance, ô Vierge des vierges, ô ma Mère, je cours vers vous, et, gémissant sous le poids de mes péchés, je me prosterne à vos pieds.

Ô Mère du Verbe, ne méprisez pas mes prières, mais accueillez-les favorablement et daignez les exaucer.

Ave maris stella[1]

C'est l'hymne liturgique des Vêpres de la Vierge. Elle remonte au XIe siècle. Le latin si concis et si évocateur a difficilement un équivalent en français. Le vocable *Étoile de la mer* sera beaucoup repris, en particulier par saint Bernard. Il est très beau, même s'il est

1. Traduction revue par l'auteur.

la conséquence d'un glissement sémantique : *Myriam*, en hébreu, pourrait se traduire en latin *stilla maris (goutte de la mer)*, qui s'est transformée en *stella maris*.

Ave maris stella,
Dei mater alma,
atque semper virgo,
felix cæli porta.

Salut, Étoile de la mer,
féconde Mère de Dieu,
et pourtant toujours vierge,
heureuse porte du ciel.

Sumens illud « Ave »
Gabrielis ab ore,
funda nos in pace,
mutans Evæ nomen.

Quand tu reçois cet *Ave*
De la bouche de Gabriel,
établis-nous dans la paix
en inversant le nom d'Éva

Solve vincla reis,
profer lumen cæcis,
mala nostra pelle,
bona cuncta posce.

Détache les liens des coupables,
apporte la lumière aux aveugles,
fais disparaître nos maux,
obtiens-nous tous les biens.

Monstra te esse matrem,
sumat per te preces
qui pro nobis natus
tulit esse tuus.

Montre que tu es Mère :
qu'il accueille par toi nos prières
Celui qui en naissant pour nous
a bien voulu être ton enfant.

Virgo singularis,
inter omnes mitis,

Ô Vierge incomparable,
la plus douce de toutes [les
                créatures],

nos culpis solutos
mites fac et castos.
Vitam præsta puram,
iter para tutum,
ut videntes Iesum
semper collætemur.

Fais qu'affranchis de nos fautes
nous devenions doux et purs.
Montre-nous la vie pure,
prépare-nous la route sûre :
le jour où nous verrons Jésus
que nous partagions sans fin ta joie.

Sit laus Dei Patri,
summo Christo decus,
Spiritui Sancto
Tribus, honor unus.

Louange à Dieu le Père,
gloire au Christ le Très-Haut,
ainsi qu'à l'Esprit Saint :
à la Trinité un unique honneur.

Stabat Mater

Debout, la Mère douloureuse
près de la Croix était en larmes
devant son Fils suspendu.

Dans son âme qui gémissait,
toute brisée, endolorie,
le glaive était enfoncé.

Qu'elle était triste et affligée,
la Mère entre toutes bénie,
la Mère du Fils unique !

Qu'elle avait mal, qu'elle souffrait,
la tendre Mère, en contemplant
son divin Fils tourmenté !

Quel est celui qui sans pleurer
pourrait voir la Mère du Christ
dans un supplice pareil ?

Qui pourrait sans souffrir comme elle
contempler la Mère du Christ
douloureuse avec son Fils ?

Pour les péchés de tout son peuple
elle le vit dans ses tourments,
subissant les coups de fouet.

Elle vit son enfant très cher
mourir dans la désolation
alors qu'il rendait l'Esprit.

Daigne, ô Mère, source d'amour,
me faire éprouver tes souffrances
pour que je pleure avec toi.

Fais qu'en mon cœur brûle un grand feu
pour mieux aimer le Christ mon Dieu
et que je puisse lui plaire.

Ô sainte Mère, daigne donc
graver les plaies du Crucifié
profondément dans mon cœur.

Ton enfant n'était que blessures,
lui qui daigna souffrir pour moi ;
donne-moi part à ses peines.

Qu'en bon fils je pleure avec toi,
qu'avec le Christ en croix je souffre,
chacun des jours de ma vie !

Être avec toi près de la Croix
et ne faire qu'un avec toi,
c'est le vœu de ma douleur.

Vierge bénie entre les vierges,
pour moi ne sois pas trop sévère
et fais que je souffre avec toi.

Que je porte la mort du Christ,
qu'à sa Passion je sois uni,
que je médite ses plaies !

Que de ses plaies je sois blessé,
que je m'enivre de la Croix
et du sang de ton Enfant !

Pour ne pas brûler dans les flammes,
prends ma défense, Vierge Marie,
au grand jour du jugement.

Christ, quand je partirai d'ici,
fais que j'obtienne par ta Mère
la palme de la victoire.

Au moment où mon corps mourra,
fais qu'à mon âme soit donnée
la gloire du Paradis.

Une prière de Marthe Robin

Cette prière est particulièrement aimée dans les
Foyers de Charité. Quoique adressée à Marie, elle
a été transcrite après une communion de Marthe.
Elle situe bien Marie dans son rôle pédagogique :
elle est celle qui montre le chemin (comme le
représentent les icônes de la Vierge *Hodogitria)*. La
communion sacramentelle au Christ nous oriente
vers la communion trinitaire éternelle. On notera
une réminiscence de la prière de sainte Élisabeth
de la Trinité.

Ô Mère bien-aimée,
vous qui connaissez si bien
les voies de la Sainteté et de l'Amour,
apprenez-nous à élever souvent
notre esprit et notre cœur

vers la Trinité, à fixer sur Elle
notre respectueuse et affectueuse attention.
Et puisque vous cheminez avec nous
sur le chemin de la vie éternelle,
ne demeurez pas étrangère
aux faibles pèlerins
que votre charité veut bien recueillir ;
tournez vers nous vos regards miséricordieux,
attirez-nous dans vos clartés,
inondez-nous de vos douceurs,
emportez-nous dans la lumière et dans l'Amour,
emportez-nous toujours plus loin et très haut
dans les splendeurs des cieux.
Que rien ne puisse jamais troubler notre paix
ni nous faire sortir de la pensée de Dieu ;
mais que chaque minute nous emporte plus avant
dans les profondeurs de l'auguste mystère,
jusqu'au jour où notre âme, pleinement épanouie
aux illuminations de l'union divine,
verra toutes choses dans l'éternel Amour
et dans l'Unité.

Prières de consécration

On a vu que dès le haut Moyen-Âge l'idée d'appartenir à Marie comme à sa Dame, et la volonté de la servir pour servir avec elle le Seigneur s'exprimaient déjà. Dans l'École française, à l'époque classique, divers auteurs ont repris ce thème. Il était lié en particulier à la méditation de la consécration de Marie elle-même (à travers la fête de la présentation de Marie au Temple) et à la contemplation de *Jésus vivant en Marie* (Monsieur Olier). C'est néanmoins saint Louis-Marie Grignion de Montfort qui mettra en forme ces intuitions, au plan doctrinal mais aussi au plan pastoral.

Saint Louis-Marie Grignion de Montfort (1673-1716)

Extrait de *l'Oraison à Marie pour ses fidèles esclaves* :

Ma très chère et bien-aimée Mère,
faites, s'il se peut,
que je n'aie d'autre esprit que le vôtre
pour connaître Jésus-Christ et ses divines volontés ;
que je n'aie point d'autre âme que la vôtre
pour louer et glorifier le Seigneur ;
que je n'aie point d'autre cœur que le vôtre
pour aimer Dieu d'un amour pur et d'un amour ardent
comme vous.

Extrait de la *Consécration de soi-même à Jésus Christ, la Sagesse incarnée, par les mains de Marie* :

Je vous choisis aujourd'hui, ô Marie,
en présence de toute la Cour céleste,
pour ma Mère et Maîtresse.

Je vous livre et consacre,
en qualité d'esclave,
mon corps et mon âme,
mes biens intérieurs et extérieurs,
et la valeur même de mes bonnes actions
passées, présentes et futures,
vous laissant un entier et plein droit
de disposer de moi
et de tout ce qui m'appartient,
sans exception,
selon votre bon plaisir,
à la plus grande gloire de Dieu,
dans le temps et l'éternité.

Saint Maximilien Kolbe[1] (1894-1941)

Immaculée, Reine du ciel et de la terre, refuge
des pécheurs et Mère très aimante, à qui Dieu a
voulu confier tout l'ordre de la Miséricorde, je me
prosterne devant toi, pauvre pécheur que je suis ;
je te supplie humblement d'accepter tout mon être
comme ton bien et ta propriété, et d'agir en moi et
en toutes les facultés de mon âme et de mon corps,
en toute ma vie, ma mort et mon éternité, comme
il te plaira.

---

1. On notera l'engagement missionnaire exprimé dans cette
prière. Cela n'est pas absent de la consécration montfortaine,
mais moins explicite. Texte dans H. M. Manteau-Bonnamy,
La doctrine mariale du père Kolbe (Lethielleux), page 119.

Fais de moi ce que tu veux pour réaliser ce qui a été écrit de toi : « Elle écrasera la tête du serpent » ; et encore : « Par toi, toutes les hérésies du monde ont été vaincues. »

Qu'en tes mains immaculées et très miséricordieuses je sois un instrument docile pour te faire connaître et aimer de tant d'âmes tièdes ou égarées, et ainsi étendre le plus possible le Règne très saint de Jésus.

En vérité, là seulement où tu viens tu obtiens la grâce de la conversion et de la sanctification des âmes, parce que toutes les grâces s'écoulent du divin Cœur de Jésus sur nous en passant par tes mains.

Pour être disciple et apôtre, sous la conduite de Marie[1]

Ô Marie, Mère du Christ, mère de l'Église,
je reçois dans mon cœur la parole du Seigneur :
« Voici ta Mère » ;
oui, je veux être ton enfant en toute chose,
afin d'appartenir plus totalement
au Christ, mon Seigneur.

---

1. Texte de l'auteur. Cette prière de consécration est construite en deux parties, correspondant aux deux sacrements complémentaires : baptême et confirmation. Elle souligne la finalité christologique de la consécration à Marie et le rôle de l'Esprit Saint.

Tu connais mes peurs et mes rêves,
mes peines et mes joies,
mes limites et mes élans,
le poids du péché mais aussi le chant de la grâce
en chacun de mes jours.
Tout cela je veux le remettre entre tes mains,
complètement,
afin que ce ne soit plus moi qui vive
mais le Christ qui vive en moi.

Ô Marie, servante du Seigneur,
Reine de lumière et de paix,
je me livre aujourd'hui sans réserves à l'Esprit Saint
en me consacrant à ton cœur immaculé.
Conduis mes pas sur le chemin
où je pourrai suivre le Christ de plus près ;
mets sur mes lèvres les paroles
qui seront un écho de l'Évangile ;
ouvre mes mains à la part d'action et de passion
qui m'unira au travail du Seigneur et de son Église.
Et par-dessus tout, fais grandir en tout mon être
et en tous mes frères
cet amour pur, cet amour fort, cet amour éternel
qui a fait de toi la Comblée de grâce
et qui veut faire de tous tes enfants
un seul Cœur avec toi,
à la gloire plus grande du Père et du Fils et de l'Esprit Saint.
Amen.

Consécration de la famille
au Cœur immaculé de Marie
(Cardinal Suhard)

Ô Vierge Marie, Mère de Dieu et notre Mère,
nous consacrons aujourd'hui
notre foyer et tous ceux qui l'habitent
à votre Cœur Immaculé.
Que notre maison soit, comme celle de Nazareth,
une demeure de paix et de bonheur simple,
par l'accomplissement de la volonté de Dieu,
la pratique de la charité
et le plein abandon à la divine Providence.

Veillez sur tous ceux qui l'habitent.
Aidez-les à vivre toujours chrétiennement.
Enveloppez-les tous de votre maternelle protection,
et daignez dans votre bonté, ô Vierge Marie,
reformer au ciel notre foyer d'ici-bas,
consacré à jamais à votre Cœur Immaculé.

Consécration de la France
(vœu de Louis XIII)

Le 10 février 1638, le Roi décide de se « consacrer à la grandeur de Dieu par son Fils rabaissé jusqu'à nous, et à ce Fils par sa Mère élevée jusqu'à lui ».
Aujourd'hui, il n'y a plus de royauté, mais il y a toujours la France et Notre-Dame. L'alliance de l'une et de l'autre est

dite ici avec tant de force et de grâce qu'il serait dommage de l'oublier.

Prenant la très sainte et très glorieuse Vierge pour protectrice spéciale de notre royaume, nous lui consacrons particulièrement notre personne, notre État, notre couronne et nos sujets, la suppliant de nous vouloir inspirer une sainte conduite, et défendre avec tant de soin ce royaume contre l'effort de tous ses ennemis que, soit qu'il souffre du fléau de la guerre, ou jouisse de la douceur de la paix que nous demandons à Dieu de tout notre cœur, il ne sorte point des voies de la grâce qui conduisent à celles de la gloire.

À l'occasion du grand Jubilé, le pape Jean-Paul II a renouvelé la consécration du monde entier, le 8 octobre 2000. Voici sa prière, qui pourra être notre conclusion ou plutôt notre horizon, au terme de ce parcours.

Consécration du monde à Marie pour le troisième millénaire

Aujourd'hui,
nous voulons te confier l'avenir qui nous attend,
te demandant de nous accompagner sur le chemin.
Nous sommes les hommes et les femmes d'une époque
extraordinaire, aussi exaltante que riche de contradictions.

Aujourd'hui,
l'humanité possède des moyens de puissance inouïe :
elle peut faire de ce monde un jardin,
ou le réduire à un amas de cendres.
Elle a acquis des capacités extraordinaires d'intervention
sur les sources mêmes de la vie :
elle peut en user pour le bien,
dans le cadre de la loi morale,
ou bien céder à l'orgueil aveugle

d'une science qui n'accepte pas de limite,
au point de bafouer le respect dû à tout être humain.

Aujourd'hui plus que jamais,
l'humanité est à une croisée de chemins.
Et, une fois encore, le salut est entièrement et seule-
    ment,
ô Vierge Sainte, dans ton Fils Jésus.

C'est pourquoi, ô Mère, comme l'Apôtre Jean,
nous voulons te recevoir chez nous (cf. Jn 19, 27),
pour que tu nous apprennes à nous conformer à ton
    Fils.
« Femme, voici tes fils ! »
Nous sommes ici, devant toi,
pour confier à tes soins maternels
nous-mêmes, l'Église, le monde entier.

Implore pour nous ton Fils bien-aimé,
afin qu'il nous donne en abondance l'Esprit Saint,
l'Esprit de vérité qui est source de vie.
Accueille-le pour nous et avec nous,
comme au temps de la première communauté de Jérusalem,
rassemblée autour de toi le jour de la Pentecôte.

Que l'Esprit ouvre les cœurs à la justice et à l'amour,
qu'il conduise les personnes et les nations
à la compréhension réciproque
et à une ferme volonté de paix.

CET OUVRAGE A ÉTÉ COMPOSÉ
PAR ATLANT'COMMUNICATION
AUX SABLES-D'OLONNE (VENDÉE).

IMPRIMÉ PAR
NORMANDIE ROTO IMPRESSION S.A.S.
61250 LONRAI
EN JUILLET 2009
POUR LE COMPTE DES ÉDITIONS SALVATOR.

IMPRIMÉ EN FRANCE
N° D'IMPRESSION : 09-2232
DÉPÔT LÉGAL : JUILLET 2009